Geheimnisse des Tanganjikasees

GEHEIMNISSE DES TANGANJIKASEES

Ad Konings
Horst Walter Dieckhoff

Deutsche Überarbeitung
Dr. Gertrud Dudin

Foto Umschlag: *Cyphotilapia frontosa*, Cape Nangu, Sambia
Foto Vorsatz: *Lamprologus callipterus*, Moliro Bay, Zaïre
Foto Rückumschlag von Christian Houllier und Manuel Moreno

ISBN 3-928457-10-1

Copyright © 1992 by Cichlid Press. Alle Rechte vorbehalten.

Herausgeber:

Deutschland: Aquapport, Köselstraße 20, 3003 Ronnenberg. USA: Aquatic Promotions, P.O.Box 960297, Miami, FL 33296. England: Animal House (UK), Ltd, QBM Business Park, Gelderd Road, Birstall, Batley, West Yorkshire WF17 9QD. Australien: Riverside Aquarium, 16 Ninth Avenue, Campsie 2194, N.S.W. Schweden: Fohrman Aquaristik AB, Odds Väg 7, 433 75 Partille. Frankreich: Africa, 9 Place Duberry, 92390 Villeneuve La Garenne. Niederlande: NVC, Lieshoutseweg 31, 5708 CW Stiphout.

Inhaltsangabe

Vorwort 7
Der See 8
Die Fische 16
Nahrungsspezialisierungen 28
Die Nutzung des Lebensraums 52
Fortpflanzungstechniken 68
Evolution des Sees und der Cichliden ... 102
DNA-Sequenzierung und Artbildung 138
Literaturangaben 204
Index 206

Vorwort

Tanganjikacichliden werden von Tausenden Aquarianern auf der Welt geliebt und gepflegt. Seit diese Fische zum erstenmal in den späten fünfziger Jahren durch die Brichard-Familie von Burundi aus exportiert wurden, haben sie einen ständigen Platz in den Herzen und Aquarien der Hobbyisten eingenommen. Ihr kompliziertes Verhalten und ihre zarten Farben rufen noch immer wachsende Bewunderung hervor.
Mit der Veröffentlichung von *Tanganjika Cichliden* 1988 wurde ein Einblick ins Reich der Heimatgewässer dieser Fische gegeben. Unterwasseraufnahmen zeigten nicht nur den Fisch in seinem bestmöglichen Gewandt, sondern gaben uns auch Informationen über seine Anforderungen an seine Umgebung. Für mehrere Arten sind spezifische Bedingungen entscheidend für das Wohlbefinden des Fischs im Aquarium.
Dieses Buch nun enthält mehr Unterwasseraufnahmen von Tanganjika-cichliden als jemals publiziert wurden. Die meisten dieser Fotos wurden auf Expeditionen, die in den letzten vier Jahren unternommen wurden, gemacht.
Während einer kürzlich durchgeführten Expedition nach Zaïre (1991), die einer von uns (AK) in Begleitung von Martin Geerts unternommen hatte, wurde eine bemerkenswerte Fischfauna entlang der Südküste beobachtet. Die Faszination über die Zusammensetzung und Färbung dieser Fischpopulationen hat zu einer interessanten Theorie geführt (vgl. *Cichlidenjahrbuch*, Vol. 2, 1992), die in diesem Buch weiter ausgearbeitet wird. Die bewundernswerte Vielfalt und die Spezialisierungen der Tanganjikacichliden werden in einem Kapitel, das sich mit den Nahrungs- und Brutstrategien der Fische beschäftigt, erläutert.

Ein Buch ist selten der Mühe einer einzigen Person zu verdanken. Bei der Verfassung des Textes profitierte einer von uns (AK) sehr von den anregenden Diskussionen mit Martin Geerts (Swalmen, Holland) und mit Dr. Gertrud Dudin. Wir möchten besonders auch Mary Bailey (Crediton, UK) danken, die zur generellen Ausarbeitung meiner Ideen beitrug. Dr. Ethelywnn Trewavas soll an dieser Stelle für ihre beständigen Anstrengungen, mein Ichthyologisches Wissen zu verbessern, gedankt werden.
Ohne die ständige Unterstützung der Exporteure von Tanganjikacichliden wären wir nicht in der Lage gewesen, unsere Expeditionen am See durchzuführen. Wir sind der Familie Vaitha (Kigoma, Tansania) und Alain Gillot (Kalemie, Zaïre) zu besonderem Dank verpflichtet.
Bei den Wissenschaftlern gewinnt die Evolution der Tanganjikacichliden immer mehr an Aufmerksamkeit. Aufgrund der Kenntnisse der geologischen Geschichte des Sees und, nicht zu vergessen, der heutigen Verbreitung der verschiedenen Arten, erwiesen sich die Tanganjikacichliden als Primärobjekte zum Studium der Evolution. Zur Zeit sind wir noch weit entfernt von der Enthüllung der Geheimnisse dieser Cichliden, aber dies kann uns nicht daran hindern, sie zu lieben, zu bewundern und für sie zu sorgen.

Ad Konings
St. Leon-Rot

Horst Walter Dieckhoff
Herten, 1992

Der See

Die Großartigkeit und Schönheit des Tanganjikasees weiß man am besten zu schätzen, wenn man in einem kleinen Boot an seinen Ufern entlangfährt, völlig verschmelzend mit dem Wasser und der umgebenden Landschaft. Seine unvorstellbare Größe kann man erst begreifen, wenn man sie mit uns bekannten Größen vergleicht. Sechshundert Kilometer —in etwa die Länge, die sich seine Ufer entlang des Großen Grabens hin erstrecken— mögen uns als eine lange Autofahrt erscheinen. In einem einheimischen Boot jedoch, der einzigen Möglichkeit hier zu reisen, scheint man dazu eine Ewigkeit zu brauchen. Um eine Entfernung von etwa der Hälfte der Länge des Sees zurückzulegen, braucht man dreißig bis vierzig Stunden ständiger Fahrt. Während solcher Exkursionen lassen das ununterbrochene, monotone Brummen des Außenbordmotors und die unkomfortable "Wohnung" im Boot den See bei jedem Wellenschlag größer erscheinen, aber der faszinierende Anblick, der dem menschlichen Auge geboten wird, entschädigt für jede Anstrengung während der Reise.

Der Tanganjikasee liegt in einer ungefähren Nordsüdlage im Westarm des afrikanischen Großen Grabens. Seine Küstenlinie durchquert vier verschiedene Länder, wobei Zaïre und Tansania den größten Teil ausmachen. Der Nordostteil gehört zu Burundi und die südlichste Küste liegt in sambischem Gebiet. Der Zugang zum See ist auf einige Stellen, wo Straßen und Wohnmöglichkeiten bestehen, beschränkt. Solche Stellen findet man vor allem in Burundi und Sambia. Aber fast überall, wo Cichliden für Aquarianer gefangen werden, kann man nur mit dem Boot hingelangen.

Der Tanganjikasee ist der zweittiefste See der Welt (1470 m) und von den anderen Wassersystemen Afrikas seit mindestens sechs Millionen Jahren getrennt. Neuere Schätzungen gehen von einem Alter des Sees von etwa 20 Millionen Jahre aus. Auf Seite 102 werde ich eine kurze Zusammenfassung der letzten Daten bezüglich der geologischen Geschichte des Sees geben, wie sie von Tiercelin und Mondeguer in *"Lake Tanganyika and its Life"*, redigiert von George Coulter (1991), beschrieben wurden.

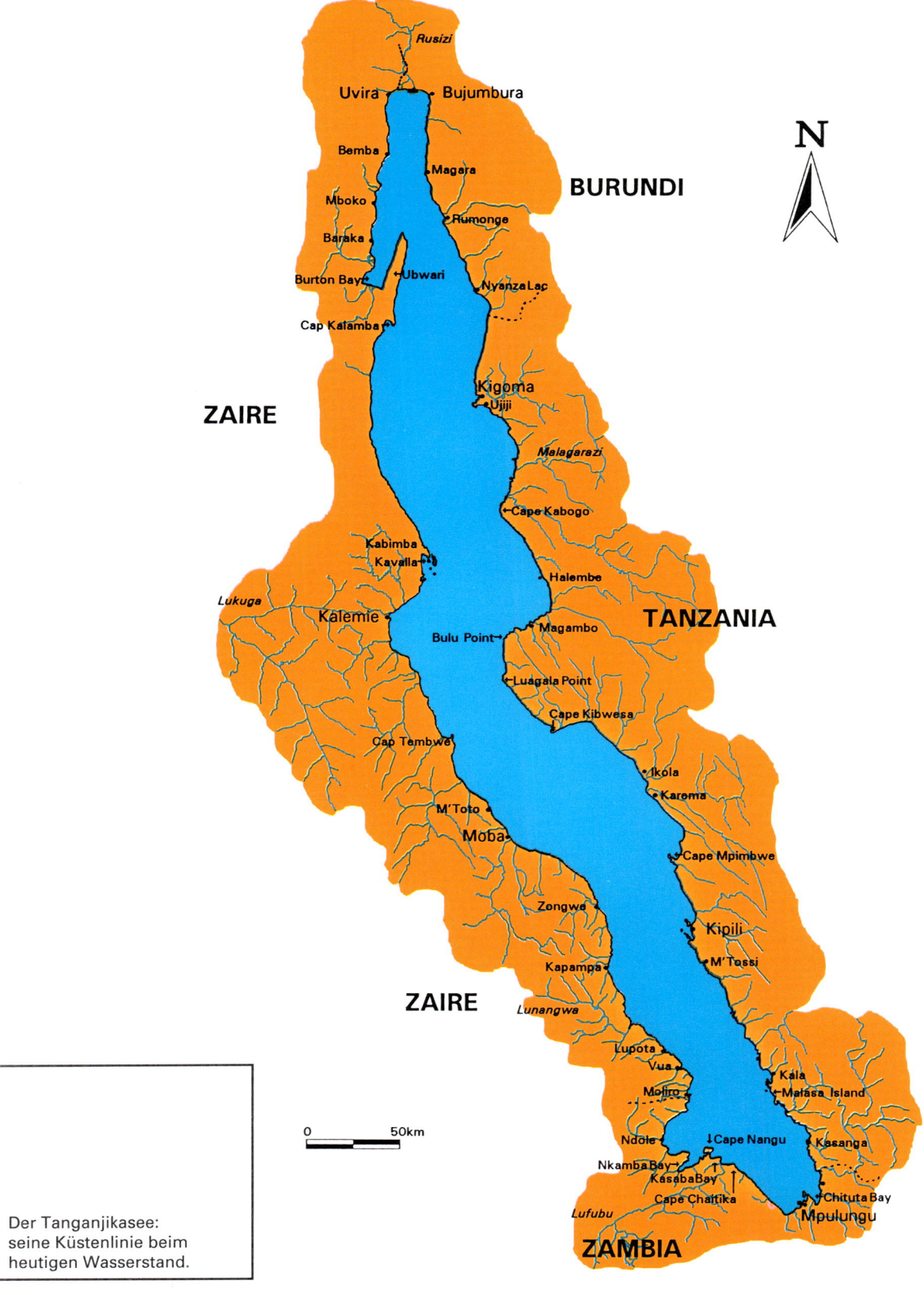

Der Tanganjikasee: seine Küstenlinie beim heutigen Wasserstand.

Die Küsten des Tanganjikasees unterscheiden sich in ihrem Aufbau und formen verschiedene Typen, die sich entlang der etwa 2000 Kilometern Länge der Küste abwechseln. Für Aquarianer sind die Felsküsten am interessantesten, denn diese beherbergen die meisten Cichlidenarten, die in Aquarien gehalten werden. Lange Streifen Felsküste erstrecken sich entlang der drei Hauptbecken des Sees, d. h. der Marungu im Südwesten, das Mahaligebirge an der Zentralküste und die steile Felsküste an der Westseite gegenüber von Kigoma. Die drei großen Becken wurden jeweils Zongwe-, Kalemi- und Kigomabecken genannt (Capart, 1949). Die Küstenstreifen zwischen den drei Becken umfassen ebenfalls Felsregionen, größtenteils jedoch Sandstrände. Im südlichsten Abschnitt des Sees bestehen die Strände aus Kies und kleinen Steinen, besonders in der Nähe von brüchigen Felsküsten. Die Flußmündungen werden normalerweise durch auffälliges Pflanzenwachstum am Seeufer gekennzeichnet. Die meisten Flüsse und Bäche sind temporär, da sie nur in der Regenzeit Wasser führen. Einige größere, permanente Flüsse hatten (und haben noch) einen Einfluß auf die Verbreitung von felsenbewohnenden Cichliden. Sie bilden oft die Grenze zwischen benachbarten, morphologisch aber verschiedenen Populationen. Wichtige Flüsse sind der Malagarasi (Tansania), der Rusizi (Burundi), der Lukuga (Zaïre) und der Lufubu (Sambia). Der Lukuga an der zentralen Westküste ist der einzige Ausfluß aus dem See, zumindest beim heutigen Wasserstand. In der Vergangenheit fiel der Wasserstand jedoch weit unter den heutigen, weshalb der Lukaga wahrscheinlich manchmal in entgegengesetzter Richtung floß und Wasser in den See transportierte oder ausgetrocknet war. Der Rusizifluß, der mineralreiches Wasser aus dem Kivusee heranbringt, trägt beträchtlich zum heutigen Wasserstand bei und noch mehr zur chemischen Zusammensetzung des Seewassers (Haberyan & Hecky, 1987). Man nimmt an, daß der Wasserspiegel des Sees um 75 Meter anstieg, nachdem sich der Rusizi zwischen dem Kivusee und dem Tanganjikasee ausgebildet hatte (Coulter, 1991).

Die Niederschläge in der Regenzeit zwischen Oktober bis Dezember und Ende Februar bis April im Norden und zwischen November und März im Süden lassen den Wasserstand sichtlich ansteigen und tragen Unmengen Sediment in den See ein. Besonders an der Nordspitze des Sees bedingt die lange Regenzeit häufige Planktonblüten und deshalb eine geringe Sichtweite im sonst kristallklaren Wasser des Sees. Das Wasser des Sees wird zu dem klarsten Süßwasser der Welt gerechnet. Die Sicht kann mehr als 20 Meter betragen. In sandigen und schlammigen Regionen ist die Sichtweite natürlich wegen der aufgeschwemmten Sedimentpartikel geringer. Nur an windstillen Tagen kann man hier weiter als 10 Meter sehen. Da der See sehr tief ist, ist Sauerstoff nur in der oberen Wasserschicht der Becken vorhanden. Im Süden erreicht die sauerstoffreiche Schicht eine Dicke von etwa 200 Metern, während sie im Norden nur etwa 100 Meter dick ist. Eine Durchmischung der beiden Schichten gibt es so gut wie nicht, abgesehen von einigen seltenen Auftriebsströmungen sauerstoffarmer Schichten im Süden. Solche Auftriebe, die von den vorherrschenden Südostwinden und die dadurch bedingte Abkühlung der oberen Wasserschicht verursacht werden, können in der oberen Wasserschicht ein großes Sterben verursachen (Fryer & Iles, 1972).

Ein *Cyprichromis* sp. Schwarm bei Karilani Insel, Tansania.

Links:
Ein Chamaeleon posiert vor der Kamera.
Unten:
Der Fischadler, *Haliaetus vocifer*, erhascht seine Beute im Flug.

Boulengerina annulata stormsi

Das Nilkrokodil, Crocodylus niloticus, ist für den Taucher eine echte Bedrohung.

Foto oben: Etwa zehn verschiedene Krabben sind im Tanganjikasee bekannt. Alle gehören zur Gattung *Potamonautes*. Einschnitt rechts: Diese schöne Egelart kann man manchmal an seiner Haut finden. Foto mitte: *Limnocnida tanganyicae*, die Seequalle.
Foto unten: Sieben verschiedene Schwämme sind im See beheimatet. Diese Art sieht man regelmäßig im burundischen Teil des Sees.

Die Fische

Der Tanganjikasee ist berühmt für seine einzigartige Fauna. Bei den Aquarianern sind es vor allem die Cichliden, die wegen ihrer morphologischen und verhaltensmäßigen Vielfalt bekannt sind. Man muß sich vorstellen, daß die meisten der 200 und mehr Arten hier endemisch sind, d. h. sie haben sich in den isolierten Wasserbereichen des Sees entwickelt und werden nirgendwo sonst in der Welt angetroffen. Wenn wir die anderen Fischfamilien und auch alle anderen Formen der Wasserlebewesen mit berücksichtigen, sind wir überwältigt von der großen Zahl an Arten, die in diesem See endemisch ist. Neben Buntbarschen, Stachelaalen, Welsen und Karpfen haben sich auch noch sogenannte Artenscharen im See entwickelt. Eine Artenschar ist eine Ansammlung endemischer Arten, die sich aus einem einzigen oder einigen wenigen verwandten Vorfahren entwickelt haben und über ein begrenzten Gebiet verbreitet sind (Greenwood, 1984). Es gibt etwa 175 beschriebene endemische Cichlidenarten. Die wenigen Cichlidenarten, die nicht im Seebecken endemisch sind, leben in Lagunen und Flüssen, aber nicht im See selbst. Die Stachelaale sind mit zwölf Arten vertreten, von denen elf im See endemisch sind. Von den 17 Welsen, die im Tanganjikasystem vorkommen, lebt nur eine sowohl im See als auch in den umliegenden Flüssen und Lagunen, 14 im See selbst und zwei kommen nur außerhalb des Sees vor. Die Barben stellen eine andere Gruppe dar, da sie nicht im See ablaichen und deshalb zu bestimmten Jahreszeiten in den Flüssen, die in den See einmünden, leben. Dennoch sind elf der 35 bekannten Arten im Tanganjikasystem endemisch.

Nicht nur die Fische, sondern auch die meisten anderen Lebensformen haben eine erstaunliche Anzahl endemischer Arten und mehrere Artenscharen entwickelt. Mehr als zehn verschiedene Krabbenarten kennt man im Tanganjikasystem, die alle zur Gattung *Potamonautes* gehören und acht davon sind endemisch. Vierzehn der 15 Garnelen sind endemisch. Sowohl Schnecken als auch Muschel haben Artenscharen ausgebildet; etwa 60 Mollusken kennt man vom Tanganjikasee, von denen mehr als 50% endemisch sind. Es gibt sogar eine Artenschar von Blutegeln! mit mehr als zehn beteiligten Arten. Sieben endemische Schwämme sind bekannt (im Malawisee nur eine). Und die Liste kann weiter fortgesetzt werden. Jede und alle Lebensformen, die in diesem riesigen See isoliert wurden, haben auf eine oder andere Weise einige neue, endemische Arten entwickelt (Coulter, 1991).

Mehrere Nicht-Cichliden werden oft für den Aquariumhandel gefangen. Einige sind (von links nach rechts): *Caecomastacembelus* cf. *frenatus, Synodontis multipunctatus, Phyllonemus typus, Synodontis eurystomus,* und *Lophiobagrus cyclurus.*

Auchenoglanis occidentalis

Die Schnecken im Tanganjikasee haben eine Artenschar mit mehr als 60 Arten entwickelt. Die drei auf dieser Seite abgebildeten Arten leben in verschiedenen Biotopen. *Tiphobia horei* (unten) lebt in Tiefen unter 40 Metern in Schlammboden. *Spekia zonata* (oben rechts) kommt in sehr niedrigem Wasser auf Felsen vor. *Mutela spekei* (unten rechts) findet man häufig auf Sandboden.

Die aufsehenerregende Fauna des Sees hat in der Wissenschaftlergemeinschaft viel Interesse geweckt. Aber wegen begrenzter Sammlungen und der relativen Unzugänglichkeit des Sees beschränkte sich der Großteil der Forschung auf die Cichliden. Verglichen mit einigen anderen Fischfamilien sind jedoch die Cichliden recht spärlich in den Flüssen Afrikas vertreten. Im See dagegen spielen sie die dominierende Rolle, was die trophische (bezüglich der Nahrung) Spezialisierung und die Anzahl der Arten angeht. Dafür wurden mehrere Gründe angegeben: Einmal, daß der hohe Mineralgehalt des Wassers eine Selektion für sekundäre Frischwasserfische begünstigt hätte, denn diese besitzen eine große Toleranz gegenüber gelösten Mineralien (Poll, 1986).

Dieser hätte jedoch nicht nur allein auf Cichliden hin selektiert: von den 20 im Tanganjikasystem vertretenen Fischfamilien leben 13 im See selbst. Zweitens wurde angenommen, daß Cichliden vielleicht größeren Erfolg beim Überleben im See hatten, weil sie eine geschlossene Schwimmblase haben, die von einer Gasdrüse gefüllt wird. Die Fische müssen deshalb nicht zur Oberfläche aufsteigen, um Luft zum Auffüllen der Schwimmblase zu schlucken (Konings, 1988). In Seen, in denen es wenig Schutz durch Wasserpflanzen gibt —der Tanganjikasee ist ein solcher See—, wären die Jungfische einem enormen Druck durch Raubfische ausgesetzt, wenn sie gezwungen wären an die Oberfläche zu schwimmen, um ihre Schwimmblase aufzufüllen.

Ein *Neolamprologus sexfasciatus* bewacht seine Jungen. Lufubu, Sambia.

Ein viel wichtigerer Grund für die starke Vertretung der Cichliden im See könnte aber auch die ausgeprägte Fürsorge der Cichliden für ihre Nachkommen sein. Ihre Eier werden befächelt oder im Maul ausgebrütet und auf diese Weise geschützt und ständig mit Sauerstoff versorgt. Im See ist das Wasser wärmer als in den umgebenden Flüssen. Daher ist der Sauerstoffgehalt in tieferen Wasserschichten vielleicht zu gering für Eier nicht maulbrütender oder nicht fächelnder Arten. Eizerstreuende Arten würden sicher auch zwischen den Felsen ablaichen —Wasserpflanzen, ihr normales Ablaichsubstrat, sind selten— aber der Sauerstoffgehalt des stehenden Wassers zwischen den Spalten und Höhlen der Felsen ist sehr wahrscheinlich zu gering. In der Brandung, in der das Wasser zwar sauerstoffreich ist, sind aber vielleicht die Eier von nicht maulbrütenden Arten oder solchen, die keine Brutpflege betreiben, nicht in der Lage dem Wellenschlag zu widerstehen. Einem Nicht-Cichliden ist es jedoch gelungen, sich an die sauerstoffreiche Umgebung der Brandung des Sees anzupassen, und zwar dem Killifisch *Lamprichthys tanganicanus*. Er bewacht seine Eier nicht, hat aber eine wirksame Methode entwickelt, die fast unsichtbaren Eier in einer Felsspalte zu befestigen. Vertreter von mindestens acht der anderen zwölf Nicht-Cichliden-Fischfamilien brüten bekanntlich im See selbst (Coulter, 1991).

Lamprichthys tanganicanus

Lamprichthys tanganicanus brütet im oberen Bereich des Felsenbiotops. Während des Laichvorgangs (Fotos oben und links) wird das befruchtete Ei in einen engen Felsspalt geschossen, um es vor Eiräubern zu schützen.

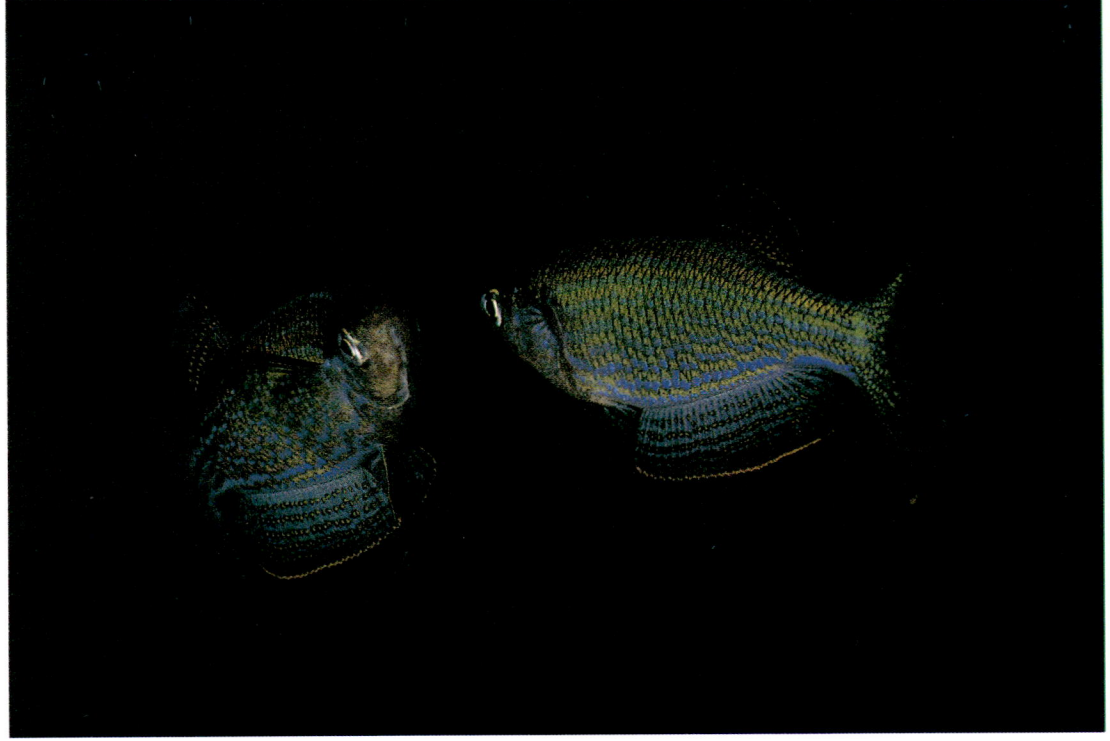

Arten, die keine Brutpflege betreiben und die in küstennahem Wasser leben, sehen sich einer enormen Ansammlung von Raubfischen gegenüber. Wasserpflanzen, die den Eiern Schutz bieten könnten, sind selten. Bei fehlendem Schutz für ihre Eier haben die Fische wenig Chance, sich erfolgreich in der Flachwasserzone (Littoralzone) des Sees zu vermehren. Vielleicht ist es bei *Lates* nur die riesige Anzahl Eier, die eine Chance zum Überleben in küstennahem Wasser bietet (Brichard, 1989).

Sechs Fischarten leben im offenen Wasser des Sees. Keine davon gehört zu der Cichlidenfamilie. Zwei sind Heringe (Clupeidae): *Stolothrissa tanganicae* und *Limnothrissa miodon*. Tagsüber ernähren sie sich in einer Tiefe von etwa 100 Metern von Plankton. Die größere der Beiden, *L. miodon* (maximale Länge etwa 17 cm), frißt auch kleinere *S. tanganicae* (maximale Größe ungefähr 11 cm). Diese beiden endemischen Arten bilden manchmal kilometerlange Schwärme, und sind bei weitem die zahlreichsten Fische im See. Im offenen (pelagischen) Wasser werden sie von vier endemischen *Lates*-Arten gejagt: *L. mariae, L. microlepis, L. stappersi* und *L. angustifrons*. Die letztgenannte Art kommt häufiger in der Nähe der (felsigen) Küste vor und hat sich vielleicht auch auf andere Beutetiere, wie etwa Cichliden und Welse, spezialisiert. *L. mariae, L. microlepis* und *L. stappersi* leben jedoch vorwiegend in Tiefen von etwa 100 Metern, der Tiefe, in der sich die meisten Heringe tagsüber aufhalten. Nachts steigen die Heringe in seichteres Wasser auf, nicht um zu fressen, sondern wahrscheinlich, um den Raubfischen zu entkommen (Coulter, 1991). Im starken tropischen Mondlicht an der Oberfläche können sie die Raubfische vielleicht sehen, während das in einer Tiefe von 100 Metern unmöglich wäre. Die Heringe und mindestens eine Art von *Lates* (*L. stappersi*) produzieren viele Eier. Diese sind planktonisch, d. h. sie treiben im Wasser.

Lates angustifrons, ein sehr großer Raubfisch im tiefen Felsenbiotop, erbeutet vorwiegend Cichliden und Welse.

Obwohl die Seeheringe vor allem von Lates gefressen werden, fangen auch die Fischer einen beträchtlichen Teil davon weg. Die Fischkutter (Foto oben) werden nur im sambischen Bereich eingesetzt. Die Heringe werden an der Sonne getrocknet und in Beuteln verpackt im Landesinnern verkauft.

Die Tatsache, daß Cichliden so gut im See vertreten sind, könnte neben dem Brutverhalten aber auch noch in einer anderen Ursache begründet liegen: ihrem Freßverhalten. Der Cichlide im allgemeinen ist ein bodenorientierter Fisch. Er findet Nahrung und Schutz in, auf und in der Nähe des Substrats. Obwohl sich unter den Cichliden auch viele Raubfische entwickelt haben, frißt die Mehrzahl der Arten Wirbellose (Kleintieren) oder Algen oder sie sind generell Allesfresser. Die Kauwerkzeuge der Cichliden sind an die vorhandene Nahrungsquelle angepaßt. Cichliden besitzen einen zweiten Satz Kiefer, direkt vor der Speißeröhre, den sog. Pharyngealapparat oder Schlundknochen. Es sind mit Zähnen besetzte Knochenplatten. Bei Fischfressern sind diese Zähne scharf und schlank und dienen dazu, die Beute zu zerstückeln, während bei Schneckenknackern die Zähne rund und stumpf sind und dazu bestimmt, dem Druck standzuhalten, der von den Pharyngealknochen auf die Schale der Schnecke beim Aufknacken ausgeübt wird.

In geographisch isolierten Regionen, wo nur sehr wenige Cichlidenarten vorkommen, kann sich eine breite intraspezifische Variation in der Struktur der Pharyngealapparate entwickeln (z. B. *"Cichlasoma" minckleyi* in Mexiko oder *"C." tetracanthus* in Kuba). Dies ermöglicht es der gesamten Population, sich wirksam von den vorhandenen Nahrungsquellen zu ernähren. Die Zusammensetzung der vorhandenen Nahrung kann in den geographisch verschiedenen Regionen des Verbreitungsgebietes einer Art variieren. Lokale Bedingungen können daher eine bestimmte Anlage zur Veränderung des Pharyngealapparates der Cichliden bevorzugen oder verstärken. Die Veränderlichkeit als solche bleibt aber bestehen, solange nur eine (oder einige) Cichlidenart(en) in der lokalen Fischfauna vorkommen. Erst in Regionen, in denen sich mehrere Cichlidenarten das Biotop teilen, findet unter diesen Nahrungsspezialisierung (trophische Spezialisierung) statt. Es scheint, daß mit der Anzahl Arten auch die Anzahl an Nahrungsspezialisierungen ansteigt.

Verbinden wir mit der Flexibilität im Nahrungserwerb noch die nachweisliche Fähigkeit der Cichliden, die gesamte Küstenlinie bis zur Grenze des sauerstoffreichen Wassers zu besiedeln, dann begreifen wir, daß die Cichliden die Gruppe darstellte, die am besten geeignet war, den See zu besiedeln. In der Tat sind die meisten Tanganjikacichliden stenotopisch (in einer begrenzten Region lebend), was den Artbildungsprozeß bei diesen Fischen drastisch förderte (vgl. Seite 102 u.ff.). Außerdem konnte nachgewiesen werden, daß Cichliden in der Lage sind, in recht kurzen Zeiträumen neue Arten zu bilden (Greenwood, 1965; Geerts, 1991).

Ein *Neolamprologus tretocephalus* Paar bei der Brutpflege.

Nahrungsspezialisierungen

Tanganjikacichliden haben eine erstaunliche Anzahl an Freßtechniken entwickelt. Grund dafür könnte die lange Zeit sein, während der die Fischgemeinschaft den See bereits bewohnt. Cichliden, die in den Flußsystemen Afrikas leben, zeigen einen viel geringeren Grad an Nahrungsspezialisierung; die meisten sind Wirbellosenfresser, Planktonfresser oder Fischfresser. Diese Freßverhalten gibt es auch bei zahlreichen Arten im See. Hier haben sich jedoch Spezialisierungen wie Schuppenfressen, Algenschaben, Schlammfressen, Eifressen und Überspezialisierungen der Flußfreßtechniken entwickelt. Es ist sicher auch interessant zu wissen, daß keine Tanganjikaarten bekannt sind, die Schwämme oder (nur) Phytoplankton fressen. Im folgenden Abschnitt sind alle bekannten Nahrungsspezialisierungen zusammen mit einem charakteristischen Beispiel aufgelistet. Die verschiedenen Gruppen wurden nach dem folgenden Schema eingeteilt:

Raubfische

Wirbellose allgemein

Wirbellosefresser:
    Neolamprologus leleupi
Wirbellosejäger:
    Neolamprologus fasciatus
Wirbellosesieber:
    Xenotilapia flavipinnis
Wirbellose nach Gehör Picker:
    Trematocara sp.

Schnecken

Schneckenknacker:
    Neolamprologus tretocephalus
Schneckensauger:
    Neolamprologus mondabu

Zooplankton

Planktonpicker:
    Cyprichromis leptosoma
Planktonsauger:
    Gnathochromis permaxillaris
Planktonfiltrierer:
    Benthochromis tricoti

Fische

Verfolgungsjäger:
    Bathybates fasciatus
Pirschjäger:
    Haplotaxodon microlepis
Fischansauger:
    "Gnathochromis" pfefferi
Lauerjäger:
    Lamprologus lemairii
Opportunistischer Fischfresser:
    Cyphotilapia frontosa
Eifresser:
    Telmatochromis brichardi
Schuppenfresser:
    Perissodus microlepis

Pflanzenfresser

Wasserpflanzen

Pflanzenfresser:
    Simochromis diagramma

Algen

Algenschaber:
    Eretmodus cyanostictus
Algenkämmer:
    Petrochromis fasciolatus
Algennipper:
    Tropheus moorii
Algenschaufler:
    Cyathopharynx furcifer

Detritus

Schlammschaufler:
    Triglachromis otostigma

Obwohl sich bei den Tanganjikacichliden viele Nahrungsspezialisierungen ausgebildet haben, werden einige Futterarten, wie die Eier dieses verlassenen Laichs, von allen Cichliden gefressen, selbst von dem hochspezialisierten Algenfresser *Tropheus* sp. "Black".

Raubfische

Wirbellosefresser: *Neolamprologus leleupi*

N. leleupi ist ein solitär lebender Fisch. Die Tiere schwimmen durch das Biotop, auf der Suche nach etwas Freßbarem in Spalten und Höhlen der Felsregion. Die Beute, die hauptsächlich aus Krebstieren besteht, wird vom Substrat aufgepickt. *N. leleupi* ist ein Jäger und muß weite Strecken durchschwimmen, um genug Beutetiere zu erwischen, da sich die anderen (territorialen) Felsenbewohner ebenfalls von Wirbellosen ernähren. Dies könnte erklären, warum *N. leleupi* an vielen Stellen im Felsenbiotop und in der Übergangszone nur selten anzutreffen ist. An der zentralen tansanischen Küste ist er jedoch zwischen zwei und 25 Metern Tiefe recht häufig zu sehen (Kuwamura, 1987).

Neolamprologus leleupi findet man im Nordteil des Sees. An vielen Stellen kann man zwei Farbmorphen beobachten: eine dunkle (Foto oben links (nördlich von Ikola, Tansania)) und eine helle Variante (Fotos unten (Karilani Insel, Tansania) und oben rechts (Kavalla Insel, Zaïre)).

Das Verhalten von *Neolamprologus fasciatus* legt nahe, daß er mit Mitgliedern der Gattung *Altolamprologus* verwandt ist. Die Weibchen, die beträchtlich kleiner als die Männchen sind, suchen sich enge Höhlen, in die sie ihre Eier ablegen. Die Männchen sind in der Regel zu groß für diese Bruthöhlen. Ein ähnliches Verhalten beobachtet man bei *A. compressiceps* und *A. calvus*.

Wirbellosejäger: *Neolamprologus fasciatus*

N. fasciatus trifft man normalerweise in kleinen Gruppen von zwei bis vier Tieren an, obwohl die Art nirgends häufig ist. Sie schweben typischerweise etwa 50 bis 100 cm über dem felsigen oder intermediären (Stein und Sand) Substrat und suchen mit den Augen die Umgebung nach Beute, normalerweise Krebstieren, ab. Ist eine Beute gesichtet worden, bringt ein schneller Stoß nach vorne den Fisch in ihre Reichweite und ermöglicht das Schnappen der Beute. Nach einem Angriff nimmt er seine Position über dem Substrat wieder ein. *N. fasciatus* hällt sich normalerweise in seichtem Wasser auf, wo er leicht abfallende Felsenbiotope oder die Übergangszone bevorzugt.

Wirbellosesieber: *Xenotilapia flavipinnis*

X. flavipinnis lebt über Sandflecken in den meisten Übergangszonen. Seine Nahrung besteht aus Wirbellosen, aus den oberen Schichten des Sandsubstrats. Der Kopf wird in den Sand gesteckt, ein Maulvoll Sand aufgenommen und durch die Kiemen gesiebt. Das Futter bleibt zurück, während der Rest durch die Kiemen ausgeschieden wird. Das Maul steht tief am Kopf und öffnet sich fast senkrecht nach unten. Ein charakteristisches Merkmal von *Xenotilapia*-Arten (und einigen anderen) ist die Form der Bauchflossen, deren vordere Strahlen kürzer als die hinteren sind. Sie ruhen gewöhnlich auf dem Substrat und erleichtern vielleicht in dieser Stellung das Atmen durch das unterständige Maul.

Xenotilapia flavipinnis kommt überall im See vor und bevorzugt die seichte Übergangszone und Sandbiotope. Bisher wurden ein halbes Dutzend verschieden gefärbte Rassen entdeckt. Einige dieser Rassen sind abgebildet: Cap Tembwe (oben links), Moliro (oben rechts) und Rutunga.

Jede der großen Poren in den Schädel- und Kieferknochen von *Trematocara*-Arten enthält eine trichterförmige Röhre, die mit Schleim gefüllt ist und mit einer darunter verlaufenden Hauptröhre in Verbindung steht. Fühlhärchen, die wie Stäbchen in die Hauptröhre hineinreichen, informieren den Fisch über jede Wasserbewegung.

Wirbellose nach Gehör Picker: *Trematocara* sp.

Alle bekannten Arten von *Trematocara* leben in tiefen Wasserschichten (normalerweise tiefer als 100 Meter) und scheinen im Dämmerlicht, das von oben durchdringt, auf Nahrungssuche zu gehen. Sie sind durch eine Vergrößerung des Hörorgans auf dem Kopf gekennzeichnet. Die Sinnesgruben sind groß genug, um sie mit bloßem Auge zu erkennen, und sehen aus wie mit Flüssigkeit gefüllte Blasen unter der Haut. Die Hautdecke auf jeder Grube wirkt wie ein Trommelfell (ähnlich wie unser Ohr). Je größer die Grube, desto empfindlicher ist der Empfang. Alle Gruben zusammen stellen einen wunderbaren Geräuschempfänger dar, mit dem der Fisch seine Beute hören und lokalisieren kann. Auf diese Weise kann unsichtbare Beute im Substrat oder in dunkler Umgebung wahrgenommen werden. Nachts wandern die meisten *Trematocara*-Arten in seichtes Wasser. Früher nahm man an, daß sie hier fressen. Aber viele Tiere wurden tagsüber (in großen Tiefen) gefangen, und es zeigte sich, daß sie dort gefressen hatten. Obwohl wir die Nahrungsaufnahme nachts nicht ausschließen können, wird heute doch eher angenommen, daß sie in höhere Wasserschichten abwandern, um nachts den großen Raubfischen in der Tiefe zu entgehen. Ein ähnliches Wanderverhalten wurde auch für die Heringe postuliert (Coulter, 1991). Nachts könnten für die großäugigen *Trematocara* an der Wasseroberfläche ausreichend Mondlicht vorhanden sein, um Raubfische sehen zu können und ihnen zu entkommen.

Neolamprologus tretocephalus ist in den meisten Übergangszonen häufig zu sehen, jedoch nicht im sambischen Teil des Sees. Die starken Zähne auf dem unteren Pharyngealknochen (Foto links) sind typisch für schneckenknackende Cichliden.

Schneckenknacker: *Neolamprologus tretocephalus*

N. tretocephalus sieht man oft in Paaren in der Übergangszone. Seine Beute besteht aus im Sand lebenden Wirbellosen. Kleine Schnecken stellen den größten Teil seiner Nahrung, aber er ernährt sich nicht ausschließlich von diesen. Schnecken werden von den meisten Cichliden sehr als Nahrung geschätzt, jedoch ist deren Schutzvorrichtung (die Schale) ein Hindernis für allgemeine Verzehrung. Es gibt verschiedene Möglichkeiten, eine Schnecke zu fressen. *N. tretocephalus* knackt die Schale zwischen seinen starken Pharyngealknochen auf und versucht die Schalenteile vom weichen Schneckenfleisch abzusondern. Diese Methode nennt man Pharyngealknacken. Nicht alle Schalen werden aufgeknackt, einige winzige Schnecken werden manchmal ganz verschlungen. Einige Arten, wie etwa *N. tetracanthus,* können winzige Schnecken ohne Zermalmen fressen. Diese Schnecken sind dann aber selten größer als einige Millimeter im Durchmesser. Schalenfragmente werden im Magen der Cichliden verdaut. Die größten Schnecken, die von *N. tretocephalus* gefressen werden können, sind kaum mehr als einen Zentimeter im Durchmesser.

Neolamprologus mondabu (Nahaufnahme zeigt die großen Hundszähne) wurde früher mit *N. modestus* verwechselt. In seinem natürlichen Lebensraum kann man *N. mondabu* leicht an seiner hellen Färbung erkennen. *N. modestus* (und *N. petricola*) haben normalerweise eine dunkle Farbe.

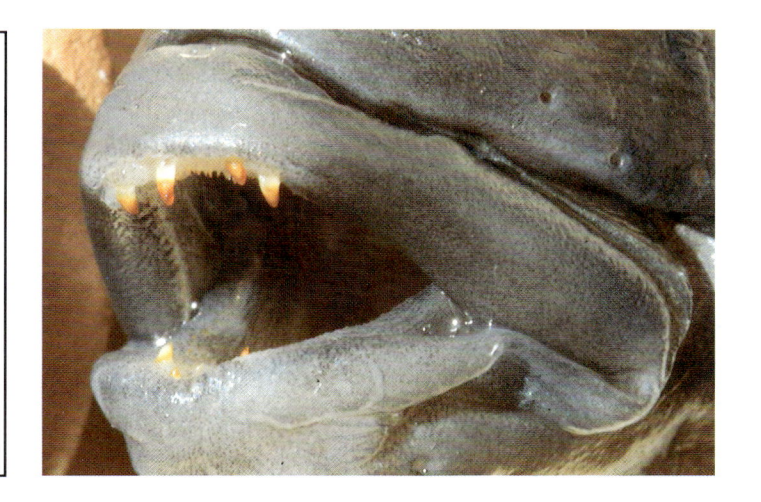

Schneckensauger: *Neolamprologus mondabu*

N. mondabu kommt in der Übergangszone vor, wo er normalerweise in seichtem Wasser (niedriger als 10 Meter) lebt. Er beansprucht kein Revier und schwimmt bei der Nahrungssuche durch das Biotop. Dieser Cichlide ist auch nicht ausschließlich auf Schnecken spezialisiert, aber der größte Teil der Nahrung vieler Tiere besteht aus Mollusken. Wie alle Lamprologine trägt auch *N. mondabu* an der Vorderseite seiner Kiefer mehrere große Zähne, die Caninen (Hundszähne) genannt werden. Bei *N. mondabu* sehen diese zentralen Zahnpaare jedoch viel größer aus als bei den meisten Lamprologinen. *N. mondabu* ist ein sogenannter oraler Schneckenschäler. Das bedeutet, daß er die Schnecke aus der Schale heraussaugt und das Haus intakt läßt. Die großen Hundszähne geben dem Kiefer einen besseren Halt auf der Schnecke.

Cyprichromis leptosoma wurde anhand von Tieren aus der Population in der Nähe von Mpulungu, Sambia, beschrieben. Steil abfallende Felsküsten an der tansanischen Seite beherbergen mehrere geographische Rassen dieser farbenprächtigen Art.
Das Männchen auf dem Foto unten wurde in der Nähe von Karilani Insel gefangen; das Männchen auf dem Foto links stammt von Kigoma. Beachtenswert ist das stark vorstülpbare Maul.

Planktonpicker: *Cyprichromis leptosoma*

C. leptosoma besitzt ein vorstülpbares Maul, wie es für viele planktonpickende Cichliden charakteristisch ist. Die Nahrungspartikel bestehen aus Zooplankton und werden einzeln ausgesucht und dann aufgesogen. Das plötzlich vorgestülpte Maul formt dabei eine verlängerte Röhre, deren Öffnung sich in der Nähe der Beute befindet. Sobald das Maul maximal ausgestülpt ist, produziert eine plötzliche Ausdehnung der Kiemendeckel und ihrer Membranen eine Vergrößerung der Mundhöhle; dadurch entsteht ein zeitweiliger Wassersog, der die Beute ins Maul transportiert. Viele planktonische Wirbellose werden auf diese Weise in schneller Folge aufgefressen. Die winzigen Pharyngealzähne sind bei *C. leptosoma* schlank und scharf und gleichen denen von Fischfressern. *C. leptosoma* lebt in großen Schulen im offenen Wasser über oder in der Nähe eines steilen Felsenbiotops.

Planktonsauger: *Gnathochromis permaxillaris*

G. permaxillaris ist einer der merkwürdigsten Cichliden. Er ist durch eine deutliche Vergrößerung der Oberlippe charakterisiert, deren Funktion nicht bekannt ist. Pearce (1985) meinte, diese Vergrößerung der Oberlippe könnte als Schaufel benutzt werden, um nach Futter zu graben, aber ein solches Verhalten konnte im Aquarium nicht beobachtet werden. Das Maul kann sehr weit ausgestülpt werden, nicht nur nach vorne, sondern auch seitwärts. Die völlig ausgedehnten Kiefer formen eine enorme Höhle, die sich nach unten hin öffnet. Ist nun das Maul völlig geweitet, verursacht die Volumenvergrößerung einen Wassereinstrom ins Maul. Da die Öffnung sehr groß ist, ist der Wassereinstrom über die ganze Öffnung verteilt. Dadurch wird die Saugstärke verringert und nur kleine und leichte Partikel gelangen ins Maul. Dieses Freßverhalten kann man als Staubsaugen bezeichnen. *G. permaxillaris* ist ein recht großer Cichlide —maximale Größe etwa 18cm— aber seine Nahrung setzt sich vorwiegend aus Kleinstwirbellosen zusammen. Er lebt normalerweise solitär über Schlammböden in tiefen Wasserschichten (tiefer als 30 Meter).

Gnathochromis permaxillaris kommt überall im See vor. Er bevorzugt tiefe, sandige Regionen. Wegen seiner seltsamen Form ist er ein beliebter Cichlide der Aquarianern.

Benthochromis tricoti lebt in großen Schwärmen und in großen Tiefen. Nur während der Brutsaison kommt er in Wassertiefen bis zu 40 Metern vor.

Planktonfiltrierer: *Benthochromis tricoti*

B. tricoti, ein Schwarmcichlide, lebt im offenen Wasser in der Nähe der Felsküste. Die meisten Tiere werden in Tiefen von etwa 100 Metern gefangen. Das Maul ist nicht so weit ausstülpbar wie bei den beiden vorher beschriebenen Arten. *B. tricoti* ist auch beim Aufpicken der Nahrungspartikel nicht so wählerisch. Beim Fressen nimmt er zahlreiche Schlucke Plankton enthaltendes Wasser auf, das über die Kiemen geleitet wird. Die Kiemenbögen tragen viele fädigen Kiemenrechen, an denen das Plankton aus dem durchströmenden Wasser zurückhalten wird.

Bathybates fasciatus, eine der wenigen Arten seiner Gattung, ist bisweilen in seinem Biotop zu beobachten. Die großen Zähne (Foto links) deuten auf einen echten Fischfresser hin.

Verfolgungsjäger: *Bathybates fasciatus*

Alle sieben Arten der Gattung *Bathybates* sind Verfolgungsjäger und die meisten kommen sympatrisch vor. *B. fasciatus* wird oft an der Angel in der Nähe von Steilküsten gefangen. Die wenigen Tiere, die ich im See beobachtete, hielten sich in einer Tiefe von etwa 35 Metern nur einige Meter über dem Substrat auf, wo sie kleine Gruppen von drei bis fünf Tieren bildeten. Bei Annäherung flohen sie unweigerlich von der Küste ins offene Wasser hinein. Das Maul ist bei *B. fasciatus* groß und mit vielen großen, scharfen Zähnen besetzt. Die Hauptnahrung besteht aus kleinen Heringen, die einen Teil ihres Lebenszyklus' in Küstennähe verbringen. *Bathybates* fängt sich die kleinen Heringe, indem er plötzlich vorschnellt.

Pirschjäger: *Haplotaxodon microlepis*

H. microlepis scheint auf den Fang kleiner Fische, die in den oberen Schichten des freiem Wassers leben, spezialisiert zu sein. Jungfische einiger Arten, wie etwa *Lamprichthys tanganicanus, Limnothrissa miodon, Ophthalmotilapia ventralis* und *Cyathopharynx furcifer*, bilden in den oberen Zentimetern des freiem Wassers große Schulen. Obwohl in solchen Schulen mehrere Arten angetroffen werden, haben alle Mitglieder eine ähnliche Größe. Auch *H. microlepis* kann man in solchen Schulen, von denen er sich ernährt, oft beobachten. Sein fast senkrechtes, nach oben zeigendes Maul ermöglicht es ihm seine Beute von unten her anzugehen. Verfolgungsjäger und andere Fischfresser können diese kleinen Fische nicht leicht bis in die oberen Zentimeter der Wassersäule verfolgen. *H. microlepis* hat sich nun wahrscheinlich dahingehend entwickelt, daß er speziell diese Nische ausfüllen kann. In Zeiten, in denen Jungfische selten sind, kann er sich wahrscheinlich auch von anderen Futterarten, wie etwa Plankton, ernähren. Dieser Pirschjäger kommt in den oberen Regionen des Felsenbiotops und der Übergangszone vor. Nur während der Brutzeit lebt er in tieferen Regionen.

Haplotaxodon microlepis ist ein sehr geläufiger Raubfisch in den oberen Regionen des Felsenbiotops. Das Tier rechts wurde in der Nähe von Kitumba, Zaïre, fotografiert. Schwärme nicht-brütender *H. microlepis* sieht man in allen seichten Felsregionen des Sees.

Fischansauger: *"Gnathochromis" pfefferi*

"G". pfefferi, ein geläufiger Cichlide, wird normalerweise einzeln angetroffen. Sein bevorzugter Lebensraum sind die seichten Übergangszonen. Er kommt aber auch in den meisten Felsenbiotopen vor. Das Maul ist sehr weit ausstülpbar, weshalb er in die Gattung *Gnathochromis* eingeordnet wurde. Aber im Brutverhalten, der Grundfärbung und anderen morphologischen Merkmalen unterscheidet er sich sehr von den anderen Mitgliedern dieser Gattung: *G. permaxilaris*.

Das vorstülpbare Maul bei *"G". pfefferi* wird dazu benutzt, kleine Cichliden, die unter Steinen im Biotop leben, anzusaugen. Oft sieht man *"G". pfefferi* unter und zwischen Steinen nach möglicher Beute herumsuchen. Beim Jagen nimmt er eine recht dunkle Färbung an. Ein plötzlicher Vorstoß seiner Kiefer und der damit einhergehende Wassersog ins Maul transportieren die überraschte Beute ins Maul des Räubers.

"Gnathochromis" pfefferi ist ein einsamer Jäger. Erwachsene Tiere machen Jagd auf kleine Cichliden, die sich zwischen dem Kies im Biotop verstecken.

Lamprologus lemairii lebt in allen möglichen Biotopen, am liebsten aber in Gegenden mit Felsen. Das Tier auf dem Foto rechts wurde zwischen Wasserpflanzen gesichtet, wo seine Färbung sich gut mit der Umgebung deckt.

Lauerjäger: *Lamprologus lemairii*

L. lemairii ist auf das Jagen aus dem Hinterhalt spezialisiert. Es handelt sich hierbei um einen geläufigen Raubfisch des Felsenbiotops und der Übergangszone. Am häufigsten trifft man ihn zwischen Felsen lauernd an; in der Tat schwimmt er nur sehr selten. Mit seinem weiß-hellbraunen Fleckenmuster deckt er sich perfekt mit dem allgemeinen Hintergrund aus Felsen und Sediment. Jungcichliden, die im Schutz der Felsen auf Nahrungssuche gehen, erkennen den Raubfisch als solchen nicht und gelangen in die Reichweite seines enorm großen Maules. Kleine Cichliden stellen die Grundlage von *L. lemarii*s Menü. Anscheinend wählt er Gegenden, in denen kleine Cichliden vorbeischwimmen, um sich dort in der Nähe auf einem Felsen niederzulassen und auf einen noch unerfahrenen, vorbeischwimmenden Jungfisch zu warten. Während der Brutsaison verändert sich sein Fleckenmuster in eine mehr gleichmäßige Färbung.

Opportunistischer Fischfresser: *Cyphotilapia frontosa*

C. frontosa ist ein geläufiger Cichlide des Sees. Normalerweise trifft man ihn in Tiefen unter 10 Metern an. Er scheint aber in Tiefen von etwa 60 Metern zahlreicher zu sein. Er bevorzugt brüchige Felsküsten, die auch von Schulen kleiner Cichliden der Gattung *Cyprichromis* bewohnt werden. *C. frontosa* ist kein Verfolgungsjäger, denn er ist viel zu langsam. Er ist auch kein Lauerjäger, denn er ist einer der auffälligsten Fische in diesem Biotop. Der Mageninhalt jedoch verrät seine Vorliebe für Fische. Basierend auf Aquarium-beobachtungen (AK) und Beobachtungen im See (HWD) nehmen wir an, daß *C. frontosa* im Dämmerlicht am aktivsten ist. Seine Beute besteht wahrscheinlich aus völlig ermüdeten Tieren, die sich aus *Cyprichromis*-Schwärmen entfernt haben und auf diese Weise gefangen werden können. Noch wahrscheinlicher ist, daß *C. frontosa* seine Beutetiere, *Cyprichromis*, aufsammelt, wenn sie während der Nacht auf dem Substrat ruhen. Tote Fische sind in den oberen 60 Metern des Felsenbiotops sehr selten. Es ist daher sehr unwahrscheinlich, daß *C. frontosa* hauptsächlich von dieser Nahrungsquelle lebt.

Obwohl *Cyphotilapia frontosa* sehr schwer zu fangen ist, ist er einer der populärsten Tanganjikacichliden. Das Foto wurde in der Bucht von Kigoma aufgenommen.

Eifresser: *Telmatochromis brichardi*

Soweit bekannt, gibt es keinen obligatorischen Eifresser im See. Jedoch beobachtet man *T. brichardi* sehr häufig beim Fressen der Eier von Substratbrütern, bevorzugt die der großen Arten aus der Gattung *Lepidiolamprologus*. Die meisten dieser Arten brüten auf offenem Substrat; das heißt ihre Eier können von anderen Fischen gesehen werden. *T. brichardi* ist ein kleiner Cichlide und gleicht den Jungtieren des großen *Lepidiolamprologus*, die von ihren Eltern in die Nähe der Eier gelassen werden. Ungejagt von den Eltern beginnt der schlanke, kleine, schlaue Eiräuber vom Laich zu fressen. Wird er aber von den Eltern erkannt, riskiert er selbst gefressen zu werden. Oft schleicht sich *T. brichardi* durch kleine Löcher und Spalten im Fels ins Nest, in dem die Eier abgelegt wurden. Obwohl es nicht möglich ist, dies in der Natur zu beobachten, kann man annehmen, daß sich *T. brichardi* auch von Eiern der Höhlenbrüter ernährt. Mit seiner zylindrischen Gestalt kann er sich durch sehr enge Schlitze im Fels bewegen und könnte auf diese Weise auch von solchen Laichen stehlen.

Telmatochromis brichardi und *T. bifrenatus* sind berüchtigte Eifresser. Laiche, die auf offenem Substrat bebrütet werden, sind am stärksten durch diese kleinen Cichliden gefährdet.

An einigen Stellen ist *Perissodus microlepis* der am häufigsten vorkommende Cichlide des Felsenbiotops. Die Zähne haben eine sonderbare Form (Foto links zeigt die Zähne eines anderen Schuppen-fressers: *Plecodus straeleni*). Sie entstand wahrscheinlich, weil damit schnell einige Schuppen aus der Flanke des Opfers gerissen werden können.

Schuppenfresser: *Perissodus microlepis*

Es gibt mindestens sieben verschiedene Schuppenfresser im See. *P. microlepis* ist der im seichten Felsenbiotop und der Übergangszone am häufigsten vorkommende. Wie die anderen Schuppenfresser trägt er besondere Zähne, um die Schuppen von den Flanken der anderen Fische ab heben zu können. Diese Zähne sind sehr groß und breit und nach hinten gebogen, und stehen in einer Zahnreihe. Seine Beutetiere stellen viele Arten im Felsenbiotop, besonders Arten von *Petrochromis* und *Tropheus*, vor allem aber auch Weibchen von *Ophthalmotilapia ventralis*. *P. microlepis* greift häufig Cichliden beim Fressen an, da diese den heranschleichenden Raubfisch nicht bemerken. Ein typischer Angriff startet bei 50 bis 100 cm Entfernung vom Beutetier und besteht aus einem schnellen Vorstoß in Richtung des Opfers. Die meisten Opfer werden im Winkel von 45° von hinten her angegriffen. Im Augenblick des Aufstoßes schließt sich sein Maul, das während der Annäherung offen stand, und schabt einige Schuppen ab. Der recht heftige Aufprall erschreckt manchmal das Opfer, das dann sofort flieht. Größere Opfer setzen jedoch ihr Fressen fort, so als ob nichts geschehen sei oder verjagen den Räuber. Schuppen scheinen genausoviel Nährwert zu besitzen, wie reguläres Futter (Nshombo *et al.*, 1985; Yamaoka, 1991). Die "gestohlene" Schuppen wachsen beim Opfer innerhalb einiger Wochen wieder nach.

Pflanzenfresser

Pflanzenfresser: *Simochromis diagramma*

Wasserpflanzen (Macrophyten) sind in den meisten Biotopen des Sees selten; nur in seichten Buchten mit viel Sediment kommen sie häufig vor. *S. diagramma* und einige wenige andere Arten haben Wasserpflanzen auf ihrem Speiseplan stehen, aber keine dieser Arten ist ausschließlich auf dieses Futter spezialisiert. *S. diagramma* lebt häufig in seichten Buchten und gehört zur Gruppe der felsenbewohnenden Cichliden und zu den ersten Cichliden, die eine neue Felsregion (z. B. neu gebaute Landungsstege) kolonisieren. Seine Zähne im Maul kann *S. diagramma* dazu benutzen, Stücke von relativ weichen Wasserpflanzen abzubeißen. Solche Pflanzenstückchen werden dann mit Hilfe der Pharyngealzähne zermahlen, um den Saft der Pflanzenzellen freizusetzen.

Simochromis diagramma kommt häufig im untiefen Wasser der Buchten vor. Er ernährt sich von Wasserpflanzen, ist aber nicht auf dieses Futter beschränkt. Das Foto wurde in der Nähe von M'toto, Zaïre, aufgenommen.

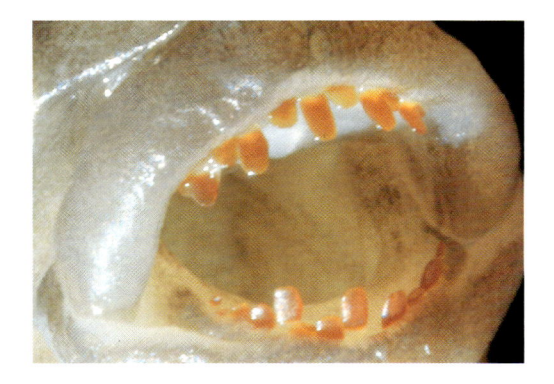

Spathodus erythrodon zeigt ebenfalls abgeflachte Zähne, aber die Spitzen sind abgerundet (Foto links).
Eretmodus cyanostictus findet man nur in den oberen Regionen des Felsenbiotops. Die Jungtiere leben zwischen dem Kies und kleinen Steinen in Strandnähe. Hier finden sie ausreichend Futter und sind relativ sicher vor Raubfischen.

Algenschaber: *Eretmodus cyanostictus*

E. cyanostictus ist in seinem Lebensraum auf wenige Meter im oberen Bereich des Felsenbiotops beschränkt. Hier trifft er auf reichen Aufwuchs aus einer dicken Schicht Algen, dem Hauptbestandteil seines Menüs. Seine Zähne im Maul sind recht groß und abgeflacht, und jeder Zahn hat die Form eines Meißels. Wenn *E. cyanostictus* vom Aufwuchs frißt, hinterläßt er Spuren auf den Felsen. Der ganze Aufwuchs wird durch Abschaben vom Substrat entfernt. *E. cyanostictus* trifft man vor allem in seichtem Wasser an langsam abfallenden Felsküsten, wo etwas Sand zwischen den Felsen liegt. Die Wasserbewegungen der Brandung bewirken, daß sich Sand auf den Felsen absetzt. Dies ist vielleicht der Grund, warum so häufig im Magen von *E. cyanostictus* Sandkörner gefunden werden. Es ist aber nicht bekannt, ob diese absichtlich oder nur zufällig aufgenommen werden. Die Körner können die Algen weiter zermalmen (wie es die Kieselsteine im Kropf samenfressender Vögel tun) und dadurch den Nährwert des Aufwuchses vergrößern.

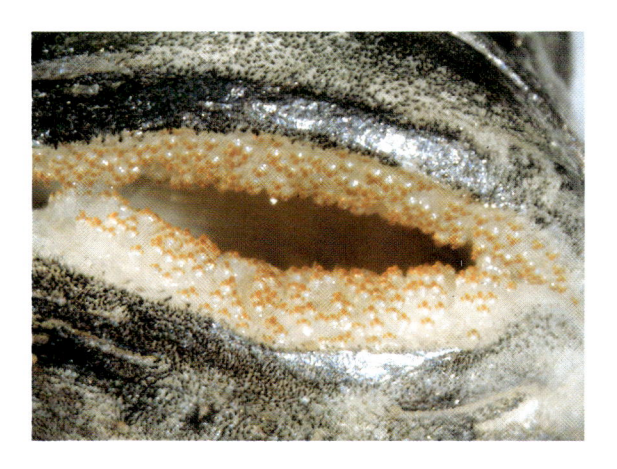

Algenkämmer: *Petrochromis fasciolatus*

Die oberen sieben Meter des Felsenbiotops sind von mehreren Arten der Gattung *Petrochromis* beherrscht. Es sind die größten algenfressenden Cichliden im See, und viele ihrer revierverteidigenden Männchen halten den größten Teil der oberen Bereiche im Felsenbiotop besetzt. Hauptmerkmal dieser Gattung ist die Form der Zähne. Sie sind schlank, beweglich und tragen eine dreispitzige Krone, und stehen in vielen Reihen auf den dicken Lippen. Die Lippen selbst sind so stark vergrößert, daß die Zähne permanent sichtbar bleiben, was den Anschein erweckt, als ob *P. fasciolatus* nicht in der Lage sei, sein Maul richtig zu schließen. Während des Fressens wird das Maul geöffnet und gegen den Fels gepreßt. Schließt sich dann sein Maul, wird alles lockere Material auf dem Aufwuchs und auf Algenfäden abgekämmt. Auf diese Weise wird aber auch Sediment entfernt, was für die Sandkörner, die gelegentlich im Magen gefunden werden, verantwortlich sein könnte. Wie normalerweise bei allen Pflanzenfressern, ist auch bei *P. fasciolatus* der Darmkanal viel länger als die Standardlänge des Fisches. Er kann bis zu viermal die Standardlänge betragen (Poll, 1956).

Petrochromis fasciolatus kommt überall im See vor, manchmal in großen Gruppen. Schulen nahrungsuchender Tiere wurden auch bei *Petrotilapia genalutea*, einem Cichliden aus dem Malawisee mit ähnlicher Morphologie, beobachtet.

Algennipper: *Tropheus moorii*

Die äußere Zahnreihe auf den Kiefern besteht bei *T. moorii* aus zweispitzigen (bicuspid), relativ kurzen und unbeweglichen Zähnen. Sie stehen dicht gepackt in wenigen Reihen und werden dazu benutzt, Algenstränge, die auf dem Felsubstrat verankert sind (Yamaoka, 1983) zu ergreifen. Die Stränge werden beim Fressen abgezerrt und abgerupft. *T. moorii* öffnet und schließt sein Maul in schneller Folge, wenn er an Aufwuchsstücken, die frei von Sediment sein müssen, nippt. Er bevorzugt Stellen, die zuvor von *Petrochromis* besucht wurden, weil dieser alles lockere Material entfernt (Takamura, 1984). Obwohl *T. moorii* sich hauptsächlich von Pflanzenmaterial ernährt, ist sein Darmkanal (relativ gesehen) nicht so lang wie bei den meisten *Petrochromis*arten. Am häufigsten ist die Darmlänge drei- bis viermal die Standardlänge des Tieres (Poll, 1956). Durch das Abnippen und Abrupfen der Algen werden deren Zellwände zerstört, wodurch ihr Nährwert für den Fisch vergrößert wird.

Von *Tropheus moorii* gibt es viele geographische Variante. Einige davon leben nur in ganz begrenzten Gebieten, andere sind über lange Streifen Felsküste verbreitet. Das Tier auf dem Foto oben wurde einige Kilometer nördlich von Zongwe gefangen. Diese Rasse ist besser als Murago Moorii bekannt. Rechts ist ein Algennippender *T. moorii* bei Nangu zu sehen.

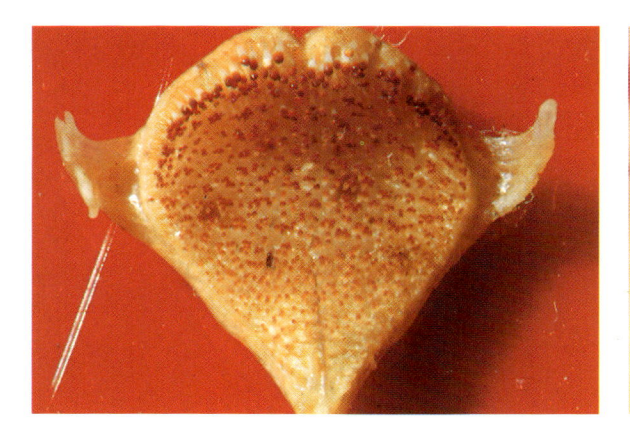

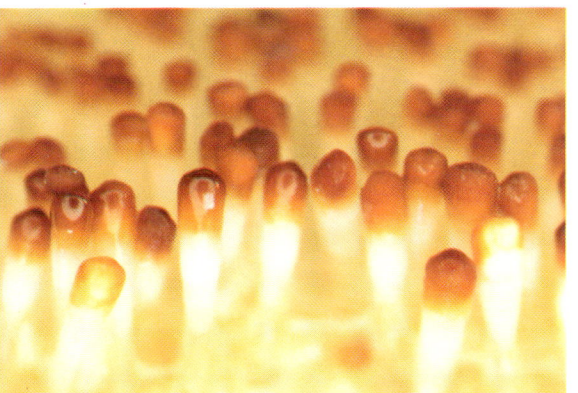

Algenschaufler: *Cyathopharynx furcifer*

Cyathopharynx furcifer ist ein allgemeiner Bewohner der Übergangszone. Sein Fressen besteht aus einem recht unselektiven Aufschaufeln einer dünnen Schlammschicht auf dem Substrat. Meistens findet man *C. furcifer* in seichten Buchten, wo der Schlamm aus Kieselalgen und anderen Algenarten besteht. Das verzehrte Material besitzt jedoch überwiegend nur sehr geringen Nährwert, weshalb *C. furcifer* den ganzen Tag über ununterbrochen fressen muß. Die Verdauungszeit für dieses Material ist bemerkenswert kurz. Es passiert den Darmkanal mit geradezu sichtbarer Geschwindigkeit! Manchmal frißt *C. furcifer* seine eigenen Ausscheidungen, um sie nochmal durch seinen Darm passieren zu lassen. Die hochspezialisierten Mahlzähne auf den Schlundknochen deuten darauf hin, daß Kieselalgen und andere kleine Partikel im Futter vor dem Verschlucken zumindest teilweise zermalmt werden.

Cyathopharynx furcifer kommt in mehreren geographischen Rassen vor. Dieses nestbauende Männchen wurde in der Nähe von Mpimbwe, Tansania, fotografiert.

Schlammschaufler: *Triglachromis otostigma*

Triglachromis otostigma ist der einzige bisher bekannte Cichlide im See, der sich von Schlamm ernährt (Coulter, 1991). Er lebt in Schlammregionen, normalerweise in der Nähe von Flußmündungen, oder in seichten Buchten. Mit den fadenförmigen Auswüchsen seiner Brustflossenstrahlen, die, wie Beobachtungen im Aquarium bestätigen, eine Sinnesfunktion (Tast- oder Geschmackssinn) haben, tastet er das Sediment ab. Hat der Fisch etwas Interessantes wahrgenommen, schwimmt er rückwärts und schaufelt ein Maulvoll Schlamm auf, in der Hoffnung, den Bestandteil dabei aufzunehmen, den er zuvor gefühlt hatte. Im Aquarium wird der größte Teil des Sandes durch die Kiemen ausgeschieden. Bei Tieren in freier Natur fand man die Därme mit Sand gefüllt (Coulter, 1991).

Triglachromis otostigma ist ein sehr interessanter Cichlide aus den Schlammregionen des Sees. Obwohl er in relativ seichtem Wasser lebt, ist er wegen der geringen Sichtweite nur schwer zu fangen.

Die Nutzung des Lebensraums

Cichliden sind im allgemeinen am Boden orientierte Fische. Einige Ausnahmen entwickelten sich in den verschiedenen Seen Afrikas, aber in der Regel findet man die Cichliden in mehr oder weniger engem Kontakt zum Substrat. Das bewohnte Substrat im Tanganjikasee umfaßt nur wenige Prozent des gesamten Bodens; der größte Teil liegt in Tiefen unterhalb der sauerstoffhaltigen Wasserschicht (Coulter, 1991). Das bedeutet, daß der bei weitem größte Teil der Cichlidengemeinschaft entlang der Küstenlinie vorkommt. Die Küste des Tanganikasees, mit einer geschätzten Länge von etwa 2000 km, besteht aus verschiedenen Substrattypen, die sich im Küstenverlauf abwechseln.

Spezialisierungen sind unter den Cichliden so weit entwickelt, daß alle Arten einen bestimmten Biotoptyp bevorzugen und viele daher nur in diesen speziellen Lebensräumen vorkommen. Durch Auswertungen von Feldbeobachtungen und Untersuchungen an vielen lokalen Lebensgemeinschaften konnten mehrere Biotoptypen, in denen jeweils eine ganz bestimmte Cichlidengemeinschaft gefunden wird, voneinander unterschieden werden. Jeder Biotoptyp besitzt seine eigene Bewohnergruppe, die als solche in keinem anderen Biotop vorkommt. Obwohl einige Arten in verschiedenen Biotoptypen leben können, stellen sie die Ausnahmen dar.

Als Biotop ist hier eine Gegend im See definiert, die groß genug ist, einer Fischgemeinschaft Lebensraum zu bieten. Es umfaßt das Substrat und das Wasser darüber oder —im Falle von Steilküsten— daneben. Die Unterteilung eines Biotops in sog. Mikrobiotope erfolgt aufgrund von ganz spezifischen Erfordernissen einiger weniger Arten. Eine Nische beschreibt die Anforderung einer bestimmten Art an ihre Umgebung. In der nachfolgenden Auflistung der Biotope habe ich versucht, die Bezeichnung als Lebensraum auf solche Umgebungen zu beschränken, die von mindestens fünf verschiedene Arten bevorzugt werden.

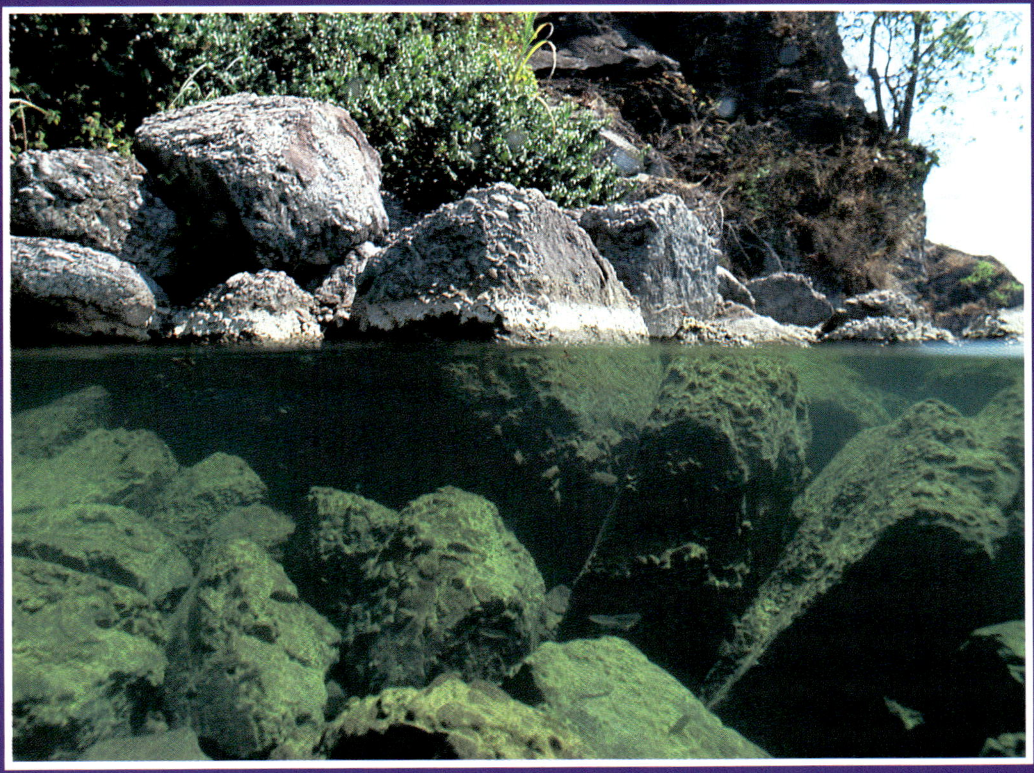

Schlammbuchten

Dieser Lebensraum liegt häufig in Buchten, in die ein oder mehrere Flüsse Sediment (Schlammpartikel) eintragen oder eingetragen haben. Der Schlamm setzt sich am Boden ab und liefert Nahrung für Wasserpflanzen, die deshalb in sochen Biotopen häufig zu finden sind. Ihr Wachstum wird aber durch die geringe Lichtintensität gehemmt, da kaum Licht das normalerweise trübe Wasser durchdringen kann. Kleine Felsen liegen auf dem Boden verstreut und sind dick mit Sediment bedeckt. Sie liefern den meisten Bewohnern Schutz. Der tiefste Punkt in diesem Biotop liegt selten unter zehn Metern. Die fünf häufigsten Cichlidenarten hier sind: *Ctenochromis horei, Simochromis babaulti, S. diagramma, "Gnathochromis" pfefferi* und *Callochromis macrops*.

Die Felsen in seichten Buchten sind normalerweise von einer Schlickschicht bedeckt. *Simochromis babaulti*, hier in der Nähe von Magara, Burundi, fotografiert, wird hauptsächlich in solchen Biotopen angetroffen.

Callochromis macrops, Ndole Bay, Sambia

Simochromis diagramma, Kigoma, Tansania

Ctenochromis horei, Kigoma, Tansania

Tiefes Schlammbiotop

Große Teile des Seebodens bestehen aus einer manchmal Hunderten von Metern dikken Schlickschicht. In der sauerstoffhaltigen Schicht liegen solche Biotope normalerweise tiefer als 60 Meter. Aber viele Cichlidenarten wurden auch aus Tiefen unter 100 Metern gefangen. Die Substrate in solchen Tiefen sind meistens als schlammig beschrieben worden. Große Felsbrocken liegen auf dem normalerweise weichen Boden verstreut. Sie sind wahrscheinlich die einzigen Teile eines darunter liegenden Felssubstrats, die noch nicht völlig von Sediment bedeckt sind.

Einige der hier häufig vertretenen Arten sind: *Hemibates stenosoma, Greenwoodochromis christyi, Gnathochromis permaxillaris, Trematocara* sp. und *Limnochromis staneri.*

Greenwoodochromis christyi, Lufubu Bay, Sambia.

Sandbiotop

Reine Sandregionen beherbergen relativ wenig Cichliden, denn diese benötigen irgendeine Form von Schutz. Nur in großen Schulen lebende Arten schwimmen über reinem Sandboden. Diese großen Schwärme trifft man beim Tauchen in einem solchen Biotop jedoch nur selten an. Sobald aber einige Felsen Schutzmöglichkeiten bieten, sind auch gleich viel mehr Fische zu finden. Als Sandbiotop soll hier ein vorwiegend sandiger Boden bezeichnet werden, der mit weniger als zu einem Zehntel mit Steinen bedeckt ist.

Einige allgemeine Arten in diesem Biotop sind: *Xenotilapia sima, Grammatotria lemairii, Ectodus descampsii, Lestradea perspicax* und *Cardiopharynx schoutedeni*.

Grammatotria lemairii, Kigoma, Tansania.

Leere Schneckenhäuser

Schneckenhäuser verwittern im See nur sehr langsam und können sehr kleinen Fischen als Versteck dienen. Diese ökologische Nische kann man in mindestens zwei Unternischen einteilten: eine, bestehend aus großen Schneckenhausbeeten und eine, in der einzelne Schneckenhäuser auf dem Substrat herumliegen. Einige Arten, die in großen Schneckenhausbeeten vorkommen, sind: *Neolamprologus multifasciatus, Lamprologus callipterus, Telmatochromis* sp. "Vittatus Shell" und *Altolamprologus* sp. "Sumbu". Cichliden, die die einzeln herumliegenden Schneckenhäuser bevorzugen, sind: *Neolamprologus brevis, N. boulengeri, Lamprologus kungweensis* und *Lamprologus ocellatus*.

Neolamprologus sp. "Multifasciatus Big Eye", Karilani Insel, Tansania

Lamprologus ocellatus, Chimba, Zambia

Die Übergangszone

Die Übergangszone besteht aus Sandboden mit zahlreichen Felsen, die einer artenreichen Cichliden-Gemeinschaft Schutz bieten. Die Felsen können einen Anteil von bis zu drei Vierteln des Sandbodens bedecken. Das wichtigste Merkmal dieses Biotops ist ein sanft abfallender Boden. Der Aufwuchs auf den Felsen ist normalerweise von einer dünnen Sandschicht bedeckt. Es gibt für dieses Biotop keine echte Tiefenbegrenzung, am häufigsten bevölkert ist es jedoch in einer Tiefe von 5 bis 40 Metern. In etwa 25 Meter Tiefe beginnen die meisten Böden in einem steileren Winkel abzufallen.

Die Übergangszone beherbergt die artenreichste Cichliden-Gemeinschaft im See. Einige dieser Arten sind: *Neolamprologus tretocephalus, N. toae, N. leloupi, Lepidiolamprologus attenuatus, Julidochromis regani* und *Ophtahlmotilapia nasuta*.

Neolamprologus toae, Kigoma, Tansania

Julidochromis regani, Kipili, Tanzania

Das Brandungsbiotop

Die oberen drei Meter des Felsenbiotops und der Übergangszone beherbergen ihre eigene Gruppe spezialisierter Cichliden. Viele davon sind Pflanzenfresser, die an der reichen Algendecke auf den Felsen grasen. Die Bewohner dieses Lebensraums schätzen den Nahrungsüberfluß bei gleichzeitig turbulentem Wasser.
Einige Cichliden, die diesen Lebensraum bevorzugen, sind: *Eretmodus cyanostictus, Spathodus erythrodon, Tanganicodus irsacae, Ophthalmotilapia ventralis* und *Petrochromis macrognathus*.

Ophthalmotilapia ventralis, Kasaba Bay, Sambia.

Tanganicodus irsacae, Kavalla Insel, Zaïre.

Eretmodus cyanostictus, Karema, Tansania

Petrochromis macrognathus, Kipili, Tansania.

Das Steilfelsenbiotop

In diesem Biotop liegen die Felsen aufeinander gestapelt und formen ein kompliziertes Netzwerk aus Höhlen und Spalten. Der Aufwuchs der Felsen ist fast frei von Sediment. Viele Arten in diesem Lebensraum kommen auch in der Übergangszone vor, z. B. *Neolamprologus brichardi, Tropheus moorii* und einige Arten der Gattung *Petrochromis.* Die charakteristischen Arten dieses Biotops leben im allgemeinen in tieferen Schichten. Einige davon sind: *Neolamprologus buescheri, Paracyprichromis nigripinnis, Cyprichromis leptosoma, Cyphotilapia frontosa* und *Asprotilapia leptura.*

Ein Männchen in einer typischen, umgedrehten Haltung. *Paracyprichromis nigripinnis,* Kitumba, Zaïre.

Asprotilapia leptura, Kipili, Tansania.
Below: *Cyphotilapia frontosa*, Kipili, Tansania.

Das Offene Wasser

Die Cichliden des Tanganjikasees, die im offenen Wasser leben, sind auf das küstennahe Wasser beschränkt. Es gibt keine echten pelagischen (im offenen Wasser lebenden) Cichliden (Coulter, 1991), auch wenn Arten der Gattung *Bathybates* normalerweise im freien Wasser anzutreffen sind, manchmal einige zehn Meter über dem Substrat. Andere Arten, z. B. *Benthochromis tricoti,* können Schwärme formen und im offenen Wasser einige zehn Meter vom Felssubstrat entfernt nach Nahrung suchen (Brichard, pers. Mittl.; Krüter, 1991; HWD pers. Beob.). Die Felsen haben jedoch eine wichtige Schutzfunktion für diese Cichliden und es scheint, als ob sie sich nie zu weit davon weg wagen.

Der See bei Sonnenuntergang nach einem stürmischen Tag. Foto von Christian Houllier und Manuel Moreno

Haplotaxodon microlepis, Luagala Point, Tanzania

Fortpflanzungstechniken

Bei Tanganjika Cichliden gibt es zwei Hauptformen der Brutpflege: Substratbrüten und Maulbrüten. Substratbrüten wird als primitiver als Maulbrüten angesehen (z. B. Barlow, 1991), obwohl diese Gruppe den heftigen Überlebenskampf, der im Tanganjikasee während seiner langen Evolutionsgeschichte stattgefunden haben muß, überstehen konnte. Die felsige Umgebung bietet vielen kleinen Substratbrütern —allgemein Lamprologine genannt— einen optimalen Lebensraum. Das Maulbrüten hat sich vielleicht unter besonderen Bedingungen entwickelt, z. B. wenn eine starke Zunahme an Raubfischen die Schutzmaßnahmen der brutpflegenden Eltern uneffektiv werden liessen, weil sie immer leichter von den Eiern und Larven fressen konnten. Bei Arten, die unter keinem wachsenden Druck von Raubfischen zu leiden hatten, blieb das Substratbrüten adäquat für ein Überleben im See. In diesem Fall wäre Substratbrüten nicht notwendigerweise eine primitive Bruttechnik; in der Tat könnte es unter Umständen eine der am besten angepaßten Techniken darstellen. Wicklers Aufteilung (1956) in Substratbrüter einerseits und Höhlen- und Maulbrüter andererseits werden wir hier nicht übernehmen.

Die Substratbrüter können in mehrere Gruppen unterteilt werden:

Substratbrüter

Monogame Offenbrüter

Im horizontalen Nest Ablaicher:
    Boulengerochromis microlepis
Im vertikalen Nest Ablaicher:
    Lepidiolamprologus attenuatus

Monogame Höhlenbrüter

Biparentale Brutpfleger:
    Neolamprologus caudopunctatus
Mütterliche Brutpfleger:
    Altolamprologus compressiceps
Kolonie-Brutpfleger:
    Neolamprologus multifasciatus

Polygyne Höhlenbrüter

Haremsbrüter:
    Lamprologus callipterus
Koloniebrüter:
    Neolamprologus brichardi

Maulbrüten ist bei einigen Tanganjikacichliden wahrscheinlich im See selbst entwickelt worden, weil man viele denkbare Zwischenformen zwischen monogamen Substratbrütern und polygamen Maulbrütern finden kann. Beinahe keine dieser Zwischenformen wird bei Cichliden im Flußsystem des Zaïre Flusses gefunden. Wenn das mütterliche, polygame Maulbrüten als die fortschrittlichste Bruttechnik bei Tanganjikacichliden angesehen wird, stellt das monogame, biparentale Maulbrüten die primitivste Form dar. Es sind viele verschiedene Stadien in dieser Entwicklung bekannt, die noch immer von mehreren Arten verwendet werden. Neben der Entwicklung von Monogamie mit Brutpflege zu Polygamie gibt es auch noch eine Entwicklung von der Befruchtung der Eier auf dem Substrat (primitiv) zu totaler Maulbefruchtung (fortgeschritten) hin.

Einen dritten Trend kann man in der Größe und Zahl der Eier per Laich erkennen. Das primitivste Stadium stellen die Arten mit vielen Eiern von geringer Größe dar (mehr als 200; Größe etwa 1 mm) und die fortschrittlichsten Arten mit wenigen, großen Eiern (weniger als 20; Größe über 5 mm). Bei primitiven Arten sind die Jungfische nach etwa neun Tagen voll entwickelt, während die Larven der fortschrittlichsten Arten über 30 Tage für ihre Entwicklung brauchen. Es scheint, daß sich diese drei Entwicklungslinien (biparentales zu maternalem Maulbrüten, externe zu totaler Maulbefruchtung und von vielen, kleinen Eiern zu einigen wenigen, großen Eiern) unabhängig entwickelt haben. Die im folgenden aufgestellte Liste reflektiert nicht unbedingt den wirklichen Entwicklungsgang vom primitiven zum fortgeschrittenen Maulbrüter, kann aber einige Techniken plausibel als Zwischen-formen in einer solchen Evolution erklären.

Maulbrüter

Externe Befruchtung

Monogame biparentale Maulbrüter

Höhlengrabende Maulbrüter:
    Limnochromis auritus
Gleichzeitige Maulbrüter:
    Reganochromis calliurus
Abwechselnde Maulbrüter:
    Xenotilapia spilopterus
Spezialisierte Maulbrüter:
    Eretmodus cyanostictus

Monogame maternale Maulbrüter

Biparentale Brutpfleger:
    Perissodus microlepis

Polygyne maternale Maulbrüter

Spermienfreisetzung vor Eiablage:
    Cyphotilapia frontosa

Polygame maternale Maulbrüter

Substratlaicher:
    Enantiopus melanogenys
Freilaicher:
    Paracyprichromis brieni

Fakultative Maulbefruchtung

Im zeitweiligen Revier Ablaicher:
    "Gnathochromis" pfefferi
Im permanenten Revier Ablaicher:
    Tropheus brichardi

Totale Maulbefruchtung

Substratlaicher:
    Ophthalmotilapia ventralis
Freilaicher:
    Cyprichromis leptosoma

Monogame Offenbrüter

Im horizontalen Nest Ablaicher: *Boulengerochromis microlepis*.

B. microlepis ist im See ein recht gewöhnlicher Cichlide. Er wird am häufigsten von Schnorklern gesehen, wenn er zum Brüten in Niedrigwasser aufsteigt. Die Berichte, *B. microlepis* würde vor dem Ablaichen ein großes Nest graben (Brichard, 1978, 1989; Coulter, 1991), stehen im Widerspruch zu Kuwamuras (1986a) und unseren eigenen Beobachtungen. Wir haben mehrmals und an verschiedenen Stellen beobachtet, daß die Eier auf einem flachen Stein oder auf mehreren Kieseln oder leeren Schneckenhäusern abgelegt wurden. Es sind viele Eier, schätzungsweise zwischen Fünf- und Zehntausend, die von beiden Eltern bewacht werden. Nachdem die Jungfische geschlüpft sind (drei Tage; Kuwamura, 1986a) werden sie vom Nest zu einer kleinen Grube gebracht. Solche Gruben sind wahrscheinlich verlassene Nester von *Cyathopharynx furcifer*. Es gibt keine veröffentlichten Beobachtungen von grabenden *B. microlepis*. Während der beiden folgenden Tage werden die Jungfische regelmäßig von einer Grube zur andern gebracht. Grund dafür könnte sein, daß die Konzentration an Ausscheidungsprodukten der Jungfische ein solches Ausmaß erreicht, daß es von Raubfischen erkannt werden könnte, besonders von Welsen, die während der Nacht auf Beutefang gehen. Nach zwei weiteren Tagen werden die freischwimmenden Jungfische, von beiden Eltern begleitet, durchs Biotop geführt. Einer von uns (HWD) beobachtete zweimal, wie eine große Schule aus *B. microlepis* Fingerlingen, die eine Größe von etwa 10-15 cm hatten, noch immer von beiden Eltern bewacht wurde (siehe Abb.) Sie wurde in einer Tiefe zwischen 30 und 40 Metern im Sandbiotop beobachtet. Diese Jungtiere waren älter als sechs Monate, eine Periode, in der ihre Eltern also kein weiteres Mal mehr ablaichen konnten. Poll (1956) untersuchte viele Tiere und stellte fest, daß der Darmtrakt bei sexuell reifen Tieren degeneriert war. Er schloß daraus, daß das Ablaichen nur einmal stattfindet. Seine Schlußfolgerung deckt sich mit den obengenannten Beobachtungen. Unter künstlichen Bedingungen jedoch, wo die Eier sofort nach der Ablage entfernt wurden, laichte ein Paar dreimal innerhalb eines Monats ab (Wang Kuo-Jung, pers. Mittl. AK).

Sobald die Jungfische frei schwimmen werden sie von ihren Eltern ins tiefere Wasser geführt.

Links: Ein *Boulengerochromis microlepis* Weibchen bewacht seine Eier.

Unten links: Nach drei Tagen schlüpfen die Larven aus ihren Eiern. Die Laiche zählen zwischen 5000 und 10000 Eier.
Mitte rechts: Die Jungen bleiben in dichten Wolken zusammen, wenn sie Plankton fressen.
Mitte links: Diese Jungtiere wurden von ihren Eltern noch im Alter von etwa sechs Monaten bewacht.

Im vertikalen Nest Ablaicher: *Lepidiolamprologus attenuatus*

L. attenuatus ist ein allgemeiner Cichlide der Übergangszone. Vor dem Ablaichen gräbt das Paar ein kleines Nest zwischen einige Steine am Boden. Die Eier werden auf die senkrechte Seite dieser Steine und von außen sichtbar befestigt. Nachdem die Larven geschlüpft und die Jungfische freischwimmend sind (in etwa fünf Tagen), führen die Eltern sie durch das Biotop, wobei Ausflüge bis zu sieben Meter vom Nest entfernt normal sind (Kuwamura, 1986b).

Lepidiolamprologus attenuatus ist ein häufig vorkommender Cichlide der Übergangs-zone. Die Paare graben normalerweise ein Nest zwischen einige Steine (oben rechts). Die Nachkommen werden von beiden Eltern bewacht, wobei das Weibchen dichter bei den Jungfischen bleibt.

Lepidiolamprologus attenuatus, Ndole Bay, Zambia

Monogame Höhlenbrüter

Biparentale Brutpfleger: *Neolamprologus caudopunctatus*

N. caudopunctatus lebt im südlichen Bereich des Sees, vor allem in der Übergangszone. Ein Paar gräbt ein Nest in den Sand zwischen oder unter einige(n) Steine(n). Die Laiche sind recht groß und enthalten oft mehr als 150 Eier. Nach zwei bis drei Tagen schlüpfen die Jungfische und zwei Tage später schwimmen sie frei. Beide Eltern beschützen die Jungen, die in einer Wolke über dem Nest schwimmen und sich offensichtlich von Plankton ernähren. Nach zwei bis vier Wochen verläßt die Brut —bei einer Größe von etwa 1 cm— das Nest und gesellt sich zu Schulen ähnlich großer Jungfische. Das Paar kann alle vier bis sechs Wochen ablaichen.

Neolamprologus caudopunctatus, hier ein brutpflegendes Paar, aufgenommen in Moliro Bay, Zaire. Die Jungfische schwimmen in einer Wolke über dem Nest. Wahrscheinlich fressen sie Plankton.

Neolamprologus caudopunctatus bei Kapampa, Zaïre.

N. caudopunctatus bei Mpimbwe, Tansania.

Neolamprologus leloupi bei Kapampa, Zaïre.

N. leloupi bei Cap Tembwe, Zaïre

Neolamprologus leloupi bei Karilani Insel, Tansania

N. leloupi bei Kanoni, Zaïre.

Mütterliche Brutpfleger: *Altolamprologus compressiceps*

A. compressiceps lebt im Felsenbiotop und in der Übergangszone und ist fast überall im See ein allgemein vorkommender Cichlide. Als Laichplatz dient eine schmale Spalte in einem Felsen, in die nur das Weibchen paßt. Die recht großen Eier (1,5 bis 2 mm Durchmesser) werden tief in die Spalte gelegt. Ein großes Weibchen kann mehr als 200 Eier pro Laich ablegen, in der Regel sind es aber etwa 50. Während das Weibchen die Eier am Substrat befestigt, schwebt das Männchen über dem Nest und entläßt seinen Samen. Dieser wird durch den Rückstrom, der entsteht, wenn das Weibchen sich aus dem Nest zurückzieht, ins Nest hinein gesaugt. Zusätzliches Fächeln durch das Weibchen bringt die Spermien in Kontakt mit den Eiern. Obwohl das Männchen anfangs in der Nähe des Nestes wacht, verläßt es nach einigen Tagen das Weibchen. Die Jungfische schlüpfen in vier Tagen und da sie relativ groß sind, brauchen sie etwa zehn bis zwölf Tage, um frei schwimmen zu können. Das Weibchen bewacht das Nest auch noch, wenn die Jungen schon groß genug sind, um sich alleine zu ernähren und nach etwa drei Tagen das Nest verlassen (Fern, 1991). Die Jungfische tragen eine perfekte Tarnfärbung und sind, wenn sie auf dem Sand ruhen, nahezu unsichtbar. Sie bewegen sich durch kleine Sprünge fort, denn ein herumschwimmender Jungfisch würde sofort die Aufmerksamkeit von Raubfischen auf sich ziehen.

Altolamprologus compressiceps bei Kavalla, Zaïre. Die meisten Populationen im Süden von Zaïre zeigen ein dunkles Farbmuster und sind als "Schwarze Compressiceps" bekannt.

Oben links: *Altolamprologus compressiceps*, Malasa Insel, Tansania.
Oben rechts: Ein *A. compressiceps* Weibchen bewacht seine Eier, die in einer Felsspalte stecken (Rutunga).
Mitte links: Junge *A. compressiceps* haben eine Tarnfärbung, so daß man sie nur bemerkt, wenn sie sich bewegen (Rutunga, Burundi).
Unten: *A. compressiceps* von Mutondwe Insel, Sambia. Beachte die Perlmuttflecke.

Kolonie-Brutpfleger: *Neolamprologus multifasciatus*

N. multifasciatus wird immer in Kolonien angetroffen. Alle Mitglieder einer Kolonie verteidigen ihr Biotop, das aus Beeten leerer Schneckenhäuser besteht. Im Brüten scheinen sie aber monogam zu sein. Beobachtungen im Aquarium zeigten, daß dasselbe Paar im selben Schneckenhaus gemeinsam einige aufeinanderfolgende Laiche produzierte. Die Eier werden im Schneckenhaus abgelegt, in dem sie auch vom Männchen befruchtet werden. Nach dem Ablaichen wird das Männchen aus dem Schneckenhaus vertrieben. Es hält aber in der Nähe Wache. Drei bis vier Tage dauert es in etwa bis die wenigen Jungfische (ein Laich zählt selten mehr als 20 Eier) schlüpfen und eine weitere Woche, bis die dann recht großen Jungfische an der Schneckenhausöffnung erscheinen. Die Jungfische suchen Deckung in allen vorhandenen Schneckenhäusern und können sich auch zu anderen Gelegen gesellen; sie dürfen schwimmen, wohin sie wollen. Nach einigen Monaten sind sie groß genug, um sich an der Verteidigung der Kolonie zu beteiligen.

Neolamprologus sp. "Multifasciatus Big Eye" (hier eine Kolonie bei Cap Tembwe, Zaïre) wurde zu beiden Seiten im Zentralteil des Sees gefunden. Er unterscheidet sich von *N. multifasciatus* durch relativ große Augen. Es wurden aber keine deutlichen Unterschiede im Verhalten beobachtet.

Polygyne Höhlenbrüter

Haremsbrüter: *Lamprologus callipterus*

L. callipterus kommt fast überall im See in der Übergangszone häufig bis sehr häufig vor. Fast alle beobachteten Tiere sind Männchen. Manchmal schwimmen Schwärme mit bis zu 50 erwachsenen Tieren wie Wolfsrudel durch das Biotop, wobei sie alles auffressen, was ihnen in die Quere kommt. Sie sind eine echte Bedrohung für die Bewohner dieser Biotope. Sogar brütende *Boulengerochromis microlepis* Paare werden von solchen Rudeln bedroht. Das Ablaichen findet bei *L. callipterus* in Schneckenhäusern statt. Nur das Weibchen, das nur etwa ein Drittel (!) so lang wie das Männchen ist, paßt in das leere Schneckenhaus. Erwachsene Männchen sind etwa 10-12 cm groß. Wenn sie geschlechtsreif werden verlassen sie die Schule und beginnen ein Schneckenhausbeet zu suchen. Die Weibchen leben immer in oder in der Nähe von Schneckenhäusern und werden nie auf offenem Sand gesehen. Einer von uns (HWD) filmte den Streit zwischen einem Männchen, das einen Harem besaß, und einem Männchen, das gerne einen haben wollte. Ziel der Aktion war es, soviele Weibchen wie möglich zu bekommen. Bei solchen Kämpfen werden die Weibchen leicht entführt, indem das stärkere Männchen einfach das Schneckenhaus (mit dem Weibchen) packt und in sein Revier trägt. Es scheint, daß die Anzahl Weibchen der begrenzende Faktor bei der Fortpflanzung von *L. callipterus* ist, da ständig Kämpfe um Weibchen stattfinden.

Ein *Lamprologus callipterus* Weibchen versteckt sich in einem Schneckenhaus im Revier des Männchens. Einen Teil seiner Flanke kann man durch ein Loch im Schneckenhaus sehen.

L. callipterus. Oben links: ein schlafendes Männchen, Ndole, Sambia. Oben rechts: ein junges Männchen bei Kipili, Tansania. Links: die Körpergröße beim erwachsenen Weibchen ist viel kleiner als beim Männchen (Kigoma, Tansania). Folgende Seite: ein hungriger "Bande" heranwachsender Männchen. auf Streifzug.

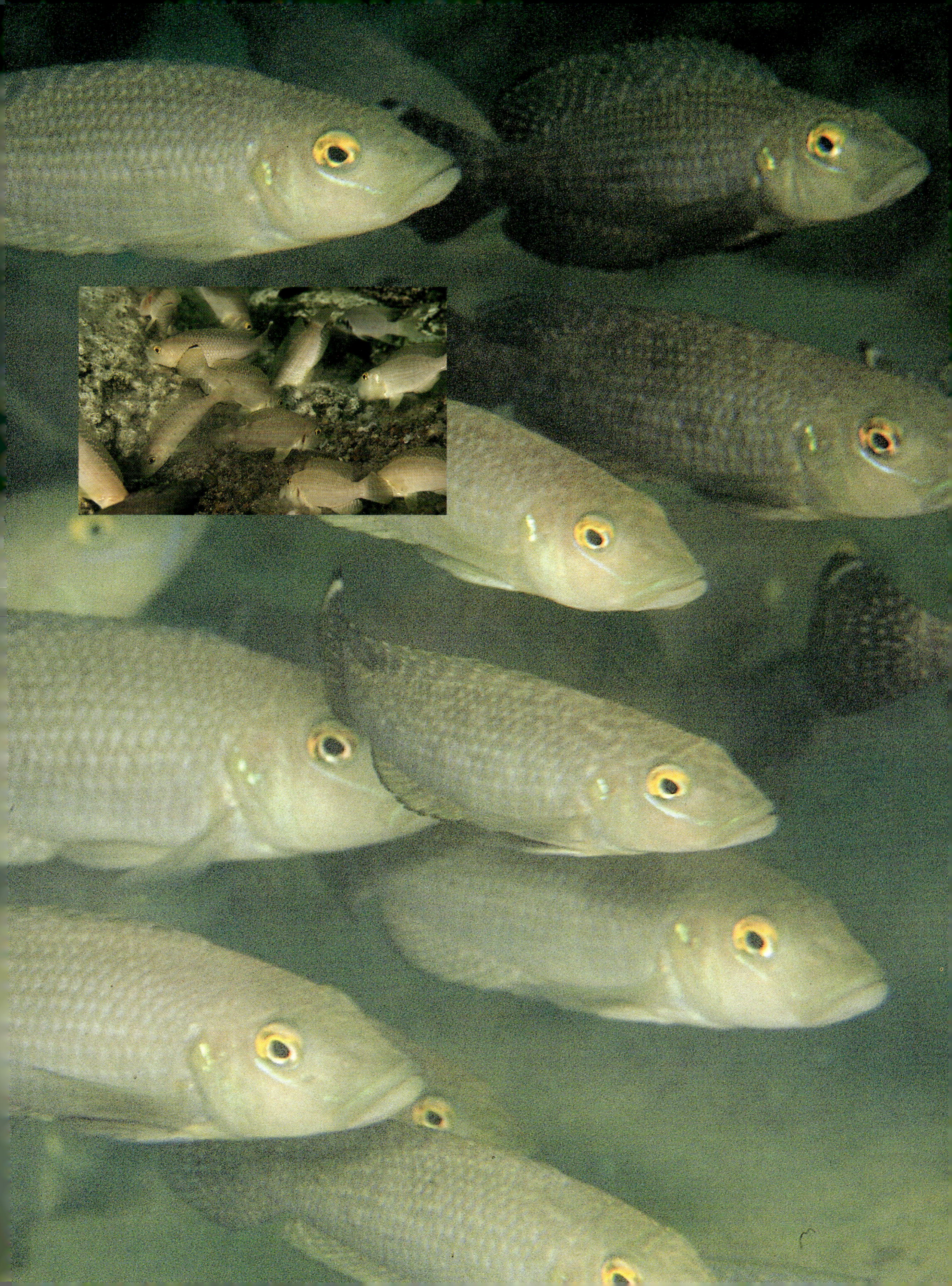

Koloniebrüter: *Neolamprologus brichardi*

N. brichardi ist einer der bekanntesten Cichliden vom Tanganjikasee. Er wurde oft exportiert und ist allgemein als "Prinzessin von Burundi" bekannt. Seine größte Popularität gewann er durch sein besonderes Verhalten und seine zarte Erscheinung. *N. brichardi* brütet in Kolonien, die Tausende von Tieren zählen können. Anscheinend aber ist die Kolonie in kleinere Gruppen von etwa 10 bis 50 Tieren unterteilt, die alle ihre eigene Platzierung im Biotop innehaben. Das Ablaichen findet gewöhnlich in einer Höhle statt, die permanent vom Weibchen besetzt ist. Das Männchen bleibt normalerweise lange mit einem Weibchen zusammen und laicht wahrscheinlich mehrmals mit ihm ab. Manchmal wechselt es aber auch von einem Weibchen zum anderen wechseln oder befruchtet sogar den Laich von mehreren Weibchen kurz nacheinander, und bleibt dann mit nur einem von ihnen zusammen (Limberger, 1983). Sehr wahrscheinlich ist innerhalb der Gruppe jedes erwachsene Tier den anderen individuell bekannt. *N. brichardi* ist ein Planktonfresser und schwebt deshalb über dem Substrat. Alle Tiere zusammen verteidigen das Biotop sehr effektiv gegenüber Raubfischen. Unter dem schützenden Schirm der erwachsenen Fische schwimmen die Jungfische frei herum und werden in den meisten Revieren geduldet. Die Jungfische bewachen die Jüngeren aktiv mit, auch im Aquarium.

Links: Jungtiere von drei aufeinanderfolgenden Bruten in einem einzigen Revier (*N. gracilis*, Kapampa, Zaïre).
Unten: Eine große Brutkolonie von *N. brichardi* in Kigoma Bay, Tansania.

Monogame biparentale Maulbrüter

Höhlengrabende Maulbrüter: *Limnochromis auritus*

L. auritus lebt auf Schlammboden. Die Paare graben lange Tunnel, die tiefer als ein Meter(!) sein können, ins Substrat (HWD). Das Ablaichen findet wahrscheinlich innerhalb dieses Tunnels statt. Im Aquarium bereitet ein Paar den Ablaichvorgang durch extensives Graben vor. Ein tiefer Krater oder ein Tunnel wird zwischen oder unter Steinen ausgehoben. Das eigentliche Ablaichen findet dann tief innen im Nest statt wie von Baasch (1987) beobachtet wurde. Wie die Befruchtung vorgenommen wird, konnte nicht mit Sicherheit festgestellt werden, da das Weibchen die Eier absetzte und sofort danach aufsammelte. Es könnte sein, daß das Männchen seinen Samen im Nest schon ausgestoßen hatte, bevor das Weibchen mit der Eiablage begann (dies ist von *Cyphotilapia frontosa* bekannt). Anfangs werden die Eier nur vom Weibchen aufgepickt, aber wenn sein Maul immer voller wird, beteiligt sich auch das Männchen am Einsammeln der Eier. Nach dem Ablaichen haben beide Eltern das Maul voll mit kleinen Eiern (Durchmesser 1-1,5mm). Die Jungfische werden nach etwa neun Tagen Inkubationszeit, in der regelmäßig ein Austausch der Larven zwischen den Eltern stattfindet, freigelassen. Sie werden aus dem Nest genommen und unter der ständigen Bewachung beider Eltern durch's Biotop geleitet. In der ersten Woche nach Freisetzung suchen die Jungfische immer noch Schutz im Maul ihrer Eltern.

Jungtiere von *Limnochromis auritus* werden durch's Biotop geführt. Sie ernähren sich wahrscheinlich von Detritus.

Gleichzeitige Maulbrüter: *Reganochromis calliurus*

R. calliurus lebt über Schlammsubstrat. Es ist aber nicht bekannt, ob die Paare Tunnels oder Höhlen zum Ablaichen graben. Im Aquarium scheint Graben kein Bestandteil des Ablaichvorganges zu sein (Dickman, 1986). Das Ablaichen findet in einer Höhle statt, wurde aber bisher noch nicht beobachtet. Die Eier sind relativ groß; sie haben einen Durchmesser von ungefähr 2,2 bis 2,5 mm. Laut Dickman werden etwa 50 Eier per Laich abgelegt. Anfangs sammelt nur das Weibchen die Eier auf, aber vom zweiten Tag an bebrüten Männchen und Weibchen abwechselnd die Eier oder Larven. Manchmal werden die Larven alle paar Stunden zwischen den Eltern ausgetauscht. Das maulbrütende Tier speit dann einen Klumpen Larven vor seinem Partner aus, der sie sofort aufpickt. Nach einer Inkubationszeit von zehn Tagen werden die freigesetzten Jungfische durchs Biotop geleitet, unter dem ständigen Schutz beider Eltern.

Reganochromis calliurus, ein Aquariumexemplar, importiert aus Burundi.

Abwechselnde Maulbrüter: *Xenotilapia spilopterus*

Die *Xenotilapia*-Arten können in zwei Gruppen unterteilt werden: eine mit monogamen, beidelterlichen Maulbrütern und die andere mit polygynen, mütterlichen Maulbrütern. *X. spilopterus* ist ein biparentaler Maulbrüter und lebt während der Brutperiode in Paaren, ansonsten aber in kleinen Schulen. Sie bevorzugen die Übergangszone. Das Paar beginnt kurz vor dem Ablaichen ein Revier zu verteidigen. Irgendwo in diesem Revier findet auf einem horizontalen Substrat das Ablaichen statt. Es wird kein Nest gegraben. Das Weibchen beginnt mit der Eiablage während das Männchen hinter ihm wartet. Erst nach der Ablage einer Charge Eier verläßt das Weibchen den Laichplatz. Dann schwimmt das Männchen über die Eier und befruchtet sie. Das Weibchen kehrt zurück und sammelt die Eier auf. Die Anzahl Eier pro Laich liegt zwischen 10 und 30. Während der ersten zehn bis zwölf Tage inkubiert das Weibchen die Eier. In dieser Zeit frißt es nicht. Danach werden die Larven dem Männchen übergeben, das sie über eine ähnlich lange Zeitspanne trägt. Nach drei Wochen werden die Jungfische im Revier freigelassen und von beiden Eltern bewacht. Während der ersten Woche "schlafen" die Jungen im Maul des Vaters, wenn sie aber zu groß geworden sind, um noch alle ins Maul zu passen, übernimmt das Weibchen die Restlichen. Nach etwa drei Wochen verlassen die Jungen ihre Eltern, die bald danach wieder ablaichen können.

Ein *Xenotilapia spilopterus* Weibchen legt eine Charge Eier ab, die sofort vom Männchen befruchtet werden, während sie noch auf dem Sand liegen. Diese Rasse wurde in der Nähe von Kipili, Tansania, gefangen.

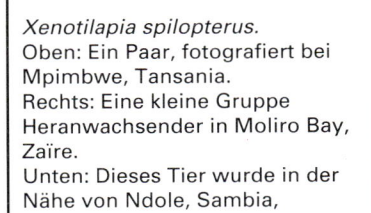

Xenotilapia spilopterus.
Oben: Ein Paar, fotografiert bei Mpimbwe, Tansania.
Rechts: Eine kleine Gruppe Heranwachsender in Moliro Bay, Zaïre.
Unten: Dieses Tier wurde in der Nähe von Ndole, Sambia, gefangen.

Spezialisierte Maulbrüter: *Eretmodus cyanostictus*

E. cyanostictus ist ein Cichlide, der nicht leicht nach der fortschreitenden Entwicklung von Bruttechniken einzuordnen ist. Es handelt sich um einen biparentalen Maulbrüter, der sich aber in folgenden Punkten von den vorher genannten Maulbrütern unterscheidet: 1. Die Eier scheinen entweder im Maul befruchtet zu werden oder während sie vom Weibchen aufgepickt werden (Tijsseling, 1980; AK pers. Beob.). 2. Die Eier sind viel größer als bei den vorher beschriebenen Maulbrütern. 3. Die Jungfische werden nach dem Freisetzen nicht vom Männchen versorgt. 4. Sie haben eine besondere Methode für den Austausch der Larven.

Das Paar scheint kein Revier zu besetzen und laicht an irgendeinem passenden (horizontalen) Platz im Biotop ab. Während der ersten zehn bis zwölf Tage trägt das Weibchen die Eier, aber es wird immer von seinem Partner beim Schwimmen durch's Biotop begleitet. Danach werden die Larven dem Männchen übergeben. Sie werden nicht einfach vor dem Männchen ausgespuckt, sondern eins nach dem anderen freigegeben. Damit das für diese Technik erforderliche Verhalten synchronisiert werden kann, verhält sich das Paar kurz vor dem Austausch so, als ob es wieder ablaichen würde. Das Weibchen verlangt nach der Aufmerksamkeit des Männchens, und dieses scheint zu wissen, was vorgeht. Diese besondere Technik, die auf dem einmaligen Foto von Gerard Tijsseling festgehalten wurde, hat sich vielleicht als Anpassung an einen bestimmten Lebensraum entwickelt, denn in der Brandung des Felsenbiotops könnten ausgespuckte Jungfische sicher sehr leicht verstreut werden. Das Männchen bebrütet die Larven nochmals zehn bis zwölf Tage lang. Die Jungfische werden zwischen Steinschutt in sehr flachem Wasser freigesetzt und sofort verlassen.

Ein einzigartiges Foto eines *Eretmodus cyanostictus* Paares, aufgenommen von Gerard Tijsseling. Es hält den Augenblick fest, in dem eine 12-Tage alte Larve vom Weibchen (oberer Fisch) an das Männchen übergeben wird.

Monogame maternale Maulbrüter

Biparentale Brutpfleger: *Perissodus microlepis*

P. microlepis ist ein sehr geläufiger Cichlide in der seichten Übergangszone und im Felsenbiotop. Die Paare besetzen ein Brutrevier. Die Eier, mit einem Durchmesser von etwa 1,2 bis 1,7 mm, sind leicht klebrig, ähnlich denen von Substratbrütern (Yanagisawa & Nshomba, 1983). Abgelaicht wird auf einem Felsen. Das Weibchen verläßt die Stelle, wenn es einen Klumpen Eier (jede Charge besteht aus etwa 1 bis 10 Eiern) abgelegt hat. Dann nimmt das Männchen Position über den Eiern ein, befruchtet sie und verläßt die Stelle. Das Weibchen kehrt zurück und sammelt die Eier auf. Die Zeit zwischen der Ablage und dem Aufsammeln der Eier beträgt durchschnittlich etwa 30 Sekunden! (Yanagisawa & Nshombo, 1983). Dieser Zyklus wird wiederholt bis ungefähr 150 - 200 Eier abgelegt sind. Nur das Weibchen inkubiert die Eier für etwa neun Tage. Die Jungfische werden dann im Biotop freigesetzt und anfangs bis zu einem Monat vom Weibchen bewacht.

Die Jungfische von *Perissodus microlepis* werden von beiden Eltern bewacht (rechts). Wenn die Fischchen gegen Ende der Brutperiode vom Weibchen freigelassen werden, flüchten sie auch manchmal ins Maul des Männchens (oben links).
Fremde Jungfische kann man unter der *P. microlepis* Brut erkennen (oben rechts). Brut mit gemischten Arten sind auch bei Cichliden im Malawisee gefunden worden.

Polygyne maternale Maulbrüter

Spermienfreisetzung vor Eiablage: *Cyphotilapia frontosa*

C. frontosa, ein Raubfisch, kommt in tieferen Regionen der Felsküsten häufig bis sehr häufig vor. Revierverteidigung wurde im See nicht beobachtet. An irgendeinem geeigneten Platz wird abgelaicht. Im Aquarium kann das Ablaichen bei verschiedenen Gelegenheiten an unterschiedlichen Stellen stattfinden, aber während eines Laichvorgangs legt das Weibchen alle seine Eier an einer einzigen Stelle ab. Die Synchronisierung ihres Verhaltens scheint bei diesen Maulbrütern stark reduziert zu sein, denn das Männchen schwimmt anscheinend ohne irgendein einleitendes Ritual über den Laichplatz. Es stößt seine Samenflüssigkeit schon bevor irgendein Ei gelegt ist aus. Sobald sich das Männchen vom Nest zurückzieht, schwimmt das Weibchen hinein und beginnt mit der Eiablage. Jedesmal setzt es zwei bis zehn Eier ab. Es dreht sich nicht um, sondern schwimmt rückwärts, um die Eier aufzusammeln. Danach legt es eine zweite Charge ab und pickt sie auf. So kann das Weibchen bis zu sechsmal ohne Unterbrechung durch das Männchen vor und zurück schaukeln! Seine Spermien sind anscheinend stark genug, um die Eier noch Minuten später zu befruchten. Ab und zu oder wenn das Weibchen gestört wurde, führt das Männchen das Weibchen zum Nest zurück, wobei es in die Vertiefung hineinschwimmt und seinen Samen ausstößt. Die Anzahl der Eier, die sechs bis sieben Millimeter im Durchmesser sind, liegt bei 50 bis 100 pro Laich. Das Weibchen inkubiert die Eier 30 bis 35 Tage lang, bevor es die Jungfische freisetzt. *C. frontosa* Junge werden sofort nach dem Freisetzen verlassen. Sie leben in tiefen Wasserschichten (50m, HWD).

Cyphotilapia frontosa, Magara, Burundi.

Oben: *Cyphotilapia frontosa*, aufgenommen in einer Tiefe von etwa 40 Metern bei Kapampa, Zaïre. Diese Rasse ist besser bekannt als "Blue Frontosa".
Rechts: *C. frontosa* bei der Insel Kavalla, Zaïre.
Dieses Tier wurde in 15 Metern Tiefe fotografiert.

92

Polygame maternale Maulbrüter

Substratlaicher: *Enantiopus melanogenys*

E. melanogenys ist ein gemeiner Sandbewohnender, der in Kolonien brütet (Lekbrüter). Die Männchen bauen flache Sandnester aus zwei konzentrischen "Ringen". Der größere Ring, mit einem Durchmesser von etwa 50-60 cm, ist das Revier; der innere, mit einem Durchmesser von etwa 15cm, ist der Laichplatz. Die Reviere der verschiedenen Männchen stoßen oft aneinander. Die Kolonien bestehen normalerweise aus einigen Hundert Männchen. Die Weibchen und nicht-revierhaltenden Männchen bleiben in Schulen in der Nähe der Kolonie. Reife Weibchen schwimmen über die balzenden Männchen und lassen sich zu mehreren Männchen hinab, um ihre Eier befruchten zu lassen. Nachdem sich das Paar einige Male am Laichplatz umkreist hat, beginnt das Weibchen einige Eier abzulegen. Dann schwimmt es vorwärts. Das Männchen, das in einer Art T-Stellung wartet, bis das Weibchen die Eier gelegt hat, schwimmt schnell über die Eier hinweg und befruchtet sie. Dabei kreuzt es den Weg des Weibchens, das jetzt zurückkehrt, um die Eier aufzusammeln. Es kann den Ablaichvorgang mit demselben Männchen fortsetzen oder das Nest verlassen und in das eines anderen schwimmen. Satellitenmännchen, das sind Männchen mit weiblicher Färbung, die sich plötzlich auf das ablaichende Paar stürzen und versuchen die Eier zu befruchten, bevor es das brütende Männchen selbst tun kann, wurden im Aquarium (AK) und in freier Natur (HWD) beobachtet. Maulbrütende Weibchen sammeln sich in getrennten Schulen und bebrüten ihre Eier etwa drei Wochen lang bis sie die Jungfische gleichzeitig in seichten Sandregionen freisetzen.

Großes Foto: Ein *Enantiopus melanogenys* Paar beim Ablaichen.
Oben: Ein maulbrütendes Weibchen, aufgenommen in Kigoma Bay.
Oberes Foto vorige Seite: nachdem die Eier auf dem Substrat (links) befruchtet wurden, werden sie vom Weibchen aufgepickt (rechts).

Freilaicher: *Paracyprichromis brieni*

P. brieni ist im freien Wasser in der Nähe von Felsenbiotopen ein häufig gesehener Cichlide. Dieser kleine Cichlide lebt in Schwärmen und sucht nach Plankton. Brütende Männchen verteidigen entlang der vertikalen Seite großer Felsbrocken ein Revier. Sie locken Weibchen aus der Schule im offenen Wasser an und führen sie zu ihrem Revier. Bei der Eiablage schwebt das Weibchen mit dem Kopf nach unten. Die Eier sinken langsam zu Boden und werden vom Weibchen eingesammelt, sobald sie an seinem Maul vorbeitreiben. Während dieser Prozedur stößt das Männchen, das sich über und längs des Weibchens positioniert hat, ständig seine Samenflüssigkeit aus und fächert sie in Richtung des Weibchens. Die Eier werden also befruchtet, sobald sie die Genitalöffnung des Weibchens verlassen. Die maulbrütenden Weibchen sammeln sich in getrennten Schulen und geben ihre Jungfische gleichzeitig zwischen den Felsen des Biotops frei. Junge *P. brieni* sieht man regelmäßig in derselben Tiefe, in der auch die erwachsenen Tiere leben.

Ein *Paracyprichromis* Männchen stößt seine Milch aus, die man als weißliche Wolke bei seiner Afterflosse erkennen kann (rechts). Man kann einige Eier durch die Haut im Maul des Weibchens sehen. Fotos von Gerard Tijsseling.

Ein *Paracyprichromis brieni* Männchen, aufgenommen in Cameron Bay, Sambia (links). Unten: Maulbrütende Weibchen von *P. brieni* gruppieren sich zu getrennten Schulen (Ndole, Sambia).

Fakultative Maulbefruchtung

Im zeitweiligen Revier Ablaicher: *"Gnathochromis" pfefferi*

"G". pfefferi ist ein allgemeiner Raubfisch der Übergangszone. Die brütenden Männchen haben kein Revier, verteidigen aber beim Ablaichvorgang einen kleinen Platz. Während des Ablaichvorgangs ist das Männchen vollkommen schwarz; die charakteristischen Bänder sind verschwunden. Die Weibchen werden beim Vorbeischwimmen angebalzt und zum Laichplatz geführt. An dieser Stelle zittert das Männchen mit seiner Afterflosse und zeigt sie dem Weibchen, das sie mit der Schnauze berührt (diese T-Stellung wurde von Dr. Trewavas (1992) als TB-Stellung bezeichnet). Wenn das Paar seine Stellung verändert (TA-Stellung genannt (Trewavas, 1992)), berührt das Männchen die Afterflosse des Weibchens mit der Schnauze. Dabei stülpt es immer wieder sein Maul aus und zieht es wieder ein (AK, pers. Beob.), ein Verhalten, das auch von *Geophagus steindachneri*, einem südamerikanischen, maulbrütenden Cichliden, bekannt ist. Das Weibchen legt einige Eier ab und pickt sie sofort auf. Gleichzeitig befruchtet das Männchen, das seine Stellung geändert hat (zur TB-Stellung), die Eier, während sie noch auf dem Substrat sind oder vom Weibchen gerade aufgepickt werden. Während einer zweiten TB-Stellung schnappt das Weibchen nach der (zitternden) Afterflosse des Männchens. Danach wiederholt das Paar den gesamten Ablaichzyklus. Während des Ablaichvorgangs können sich Satellitenmännchen dem Paar aufzwängen. Diese Männchen haben eine hellere Färbung und gleichen Weibchen (AK, pers. Beob.). Das Einschleichen scheint bei Cichliden ein allgemeines Phänomen zu sein, sogar bei nichtrevierverteidigenden Arten. Die maulbrütenden Weibchen suchen zwischen den Felsen oder Pflanzen Schutz und setzen dort wahrscheinlich auch ihre Jungen frei.

Die Plazierung von *"G". pfefferi* in die Gattung *Gnathochromis* erfolgte allein aufgrund der Morphologie der Maulstruktur. Ihr Brutverhalten ähnelt jedoch nicht dem der Typenart dieser Gattung, *G. permaxillaris*, einem monogamen, biparentalen Maulbrüter. Das Brutverhalten von *"G". pfefferi* gleicht dem von *Tropheus* und *Petrochromis*. Beachte die kleinen, roten Flecke auf der Afterflosse des Männchens auf dem Foto. Sie gleichen denen einiger *Tropheus*-Arten.

Im permanenten Revier Ablaicher: *Tropheus brichardi*

T. brichardi ist im Felsenbiotop ein allgemein vorkommender Cichlide. Er ist auf die oberen sieben Meter des Biotops beschränkt. Die meisten Männchen verteidigen zwischen den Felsen und dem Kies in den oberen Bereichen ein Revier. Das Ablaichen findet dann statt, wenn ein reifes Weibchen ins Revier hineinschwimmt und auf das Balzen eines Männchens antwortet. Ein schräger Felsen dient gewöhnlich als Laichplatz. Einige abwechselnde T-Stellungen (TB-TA) gehen der eigentlichen Eiablage voraus, die vom Weibchen in TA-Stellung vorgenommen wird. Das Paar ändert seine Stellung in TB, und das Weibchen sammelt die Eier auf, während sie vom Männchen befruchtet wurden. Manchmal unterbricht das Weibchen den Ablaichvorgang, verläßt das Revier und laicht mit einem anderen Männchen weiter ab (pers. Beob. AK). Die maulbrütenden Weibchen suchen zwischen den Felsen Schutz und geben ihre Jungen zwischen dem Kies in sehr seichtem Wasser in Küstennähe frei.

Oberes Foto: Ein *T. brichardi* Männchen (rechts) lädt ein Weibchen (dunkles Tier) in sein Revier ein (Karilani Insel, Tansania). Rechts: Das Ablaichen findet normalerweise an einer schrägen Seite eines Felsens statt. Dieses laichende Paar bei Kipili wurde von oben fotografiert.

98

Totale Maulbefruchtung

Substratlaicher: *Ophthalmotilapia ventralis*

O. ventralis Männchen sind durch lange Bauchflossen mit auffälligen gelben Läppchen, die Eiern gleichen, gekennzeichnet. Brütende Männchen verteidigen ein Revier und einen Laichplatz oben auf einem großen Felsen. Reife Weibchen werden im offenen Wasser angebalzt und zu diesem Platz geführt. Am Laichplatz schleift das Männchen seine lange Bauchflosse über das Nest und legt die gelben Eiattrappen hinein. Unterdessen stößt es seinen Samen aus und hält die Attrappen an diese Stelle. Das Weibchen, das dem Männchen gefolgt ist, versucht die Eiattrappen aufzupicken und nimmt dabei die Samenflüssigkeit auf. Dann verläßt das Männchen das Nest. Das Weibchen erkennt diese Stelle nun als Laichplatz an und beginnt eine Charge Eier abzulegen. Diese werden sofort aufgesammelt. Das Männchen bleibt während der Eiablage außerhalb des Nestes. Das Weibchen verläßt das Nest und wird sofort vom Männchen "abgefangen" und zurück zum Laichplatz geführt, wo sich der Vorgang wiederholt. Das Weibchen kann aber auch zu einem anderen Männchen schwimmen, so daß einige Eier, die im vorigen Nest abgelegt wurden, nun von einem anderen Männchen befruchtet werden. Maulbrütende Weibchen sammeln sich in Schulen und setzen ihre Jungfische gleichzeitig im offenen Wasser dicht an der Oberfläche frei.

Ophthalmotilapia ventralis.
Sind die Eier abgelegt (obere Fotos auf vorheriger Seite), werden sie im Maul des Weibchens befruchtet (großes Foto). Die Tiere auf diesen Abbildungen wurden bei Kalambo, Sambia, gefangen.

Freilaicher: *Cyprichromis leptosoma*

C. leptosoma Männchen brüten in Kolonien und verteidigen ein dreidimensionales Nest im offenen Wasser über und entlang eines großen Felsbrockens. Die eigentliche Größe des Reviers wird durch die Nähe eines benachbarten Männchens bestimmt. Weibchen und nicht-revierhaltende Männchen bleiben in Schulen in der Nähe der Brutkolonie. Die reifen Weibchen schwimmen in die Kolonie hinein und werden von zahlreichen Männchen angebalzt. Das "Nest" oder Zentrum des Reviers zeigt das Männchen dem Weibchen durch Ausstrecken seiner zitternden Bauchflossen nach einer Seite seines gebogenen Körpers an. Die gelbe Farbe der Bauchflossenspitzen zieht das Weibchen an und veranlaßt es, danach zu schnappen. In diesem Moment stößt das Männchen wahrscheinlich seinen Samen aus. Danach bezieht es über dem Weibchen Stellung, während dieses mit der Eiablage beginnt. Normalerweise wird jedesmal nur ein großes Ei abgelegt. Sobald es erscheint, schwimmt das Weibchen rückwärts und pickt es auf. Das Männchen bleibt dann vor dem Weibchen in Stellung, biegt seinen Körper und hält ihm seine zitternden Bauchflossen hin, wobei sie aus der Biegung seines Körpers hinaus weisen. Während das Männchen seinen Samen ausstößt, schnappt das Weibchen nach den Flossen. Dieser Vorgang wird mehrmals wiederholt, bis das Weibchen alle Eier abgelegt hat oder das Paar gestört wird. Die maulbrütenden Weibchen bleiben in Schulen zusammen und geben ihre Jungen gleichzeitig frei.

Ein balzendes *Cyprichromis leptosoma* Männchen (Kitumba, Zaïre) streckt seine zitternden Bauchflossen nach einer Seite seines gekrümmten Körpers aus. Diese Geste veranlaßt Weibchen, ins Revier zu schwimmen und nach der gelben Spitze der Flossen zu schnappen.

Einige Bemerkungen zu den Eiflecken

Dr. Ethelwynn Trewavas (1992) vertritt den Standpunkt, daß Eiflecken (Ei mimende Flekke) nicht primär dazu dienen, das Weibchen zu "ködern", damit es die Spermien während des Laichaktes einatmet, um in seinem Maul die Eier zu befruchten. Obwohl mehrere andere Vorschläge bezüglich der Funktion von Eiflecken gemacht wurden (Axelrod in Jackson & Ribbink, 1975; Konings, 1989), wurde der eigentlichen Möglichkeit des Männchens, durch Balzen eine Verbesserung oder Verwirklichung der Befruchtung der Eier im Maul des Weibchens zu erreichen, wenig Aufmerksamkeit geschenkt. Ich beobachtete, daß reife *Paracyprichromis nigripinnis* Weibchen von schnell vibrierenden Fingern, die ins Wasser gehalten wurden, angelockt wurden. Die Männchen von allen bekannten maternalen Maulbrütern zittern mit ihren Afterflossen, wenn sie Weibchen anlocken. Es kann also sein, daß nicht die Flecke auf den Flossen, sondern das Zittern primär für das Anlocken der Weibchen zum Ablaichen verantwortlich ist, indem sie dazu stimuliert werden, nach der Genitalregion des Männchens zu schnappen. Ein balzendes *"Gnathochromis" pfefferi* Männchen zittert zusätzlich zur Afterflosse auch mit dem Maul.
Der Geruch der Samenflüssigkeit oder andere dabei ausgestoßene Substanzen spielen dabei vielleicht auch noch eine wichtige Rolle.

Evolution des Sees und der Cichliden

In letzter Zeit gab es einige wichtige Neuigkeiten bezüglich der geologischen Entwicklung des Sees. Einige Geologengruppen untersuchten unter Verwendung vieler neuer Techniken die Struktur des Seebodens und der umgebenden Regionen. Tiercelin und Mondeguer (1991) faßten die vielen Daten aus diesen Untersuchungen in einem Kapitel in George Coulters Buch *"Lake Tanganyika and its life"* zusammen.

Im Laufe der Zeit haben sich Sedimente auf dem Seeboden angesammelt. Diese Sedimente sind von unterschiedlichem Ursprung. Der größte Teil besteht aus organischem Material, das in Jahrmillionen auf den Boden gesunken ist. Dann gibt es den Schlamm und Sand, der von den Flüssen eingetragen und von den Winden eingeblasen wird. Schließlich haben tektonische Aktivitäten dazu geführt, daß Felsen und anderes grobes Material die Hänge der angrenzenden Gebirgsregionen hinabrollten. Tiercelin und Mondeguer glauben aufgrund der gewonnenen Daten, daß die wirkliche Dicke des Sediments im heutigen See etwa 8600(!) Meter betragen müßte, daß sie aber durch den Druck aufgrund des Gewichts der oberen Schichten auf 6000 Meter reduziert ist. Der eigentliche Felsboden liegt daher also 7500m unter der Oberfläche! In der Tat ereignete sich der Sedimentationsprozeß gleichzeitig mit dem beständigen Absinken des Rifts, in dem der See gelegen ist. Legt man eine berechnete durchschnittliche Ablagerungsrate (geschätzt auf einen Millimeter alle 2,5 Jahre) zugrunde, so konnten sie das Alter des Sees auf etwa 20 Millionen Jahre berechnen. Man geht jedoch davon aus (Coulter, 1991), daß der Tanganjikasee in den ersten 14 Millionen Jahren aus mehreren flachen Seen bestand. Diese Seen verschmolzen und wurden in den letzten sechs Millionen Jahren tiefer.

An vielen Stellen am Rande des Sees fanden die Geologen, daß Ablagerungen von organischem Material (Material, das aus dem Wasser absank) keinen kontinuierlichen Prozeß darstellten; d. h. es fehlten einige Schichten. In diesen Schichten fanden sie ein charakteristisches Muster in der Struktur des Sediments, was damit erklärt werden könnte, daß der darunter liegende Teil der Luft ausgesetzt war. Da die fehlenden Schichten in anderen, tieferen Regionen des Sees vorhanden sind, konnten sie einen Teil der Geologiegeschichte —unter Annahme von unterschiedlichen Wasserspiegeln des Sees— rekonstruieren. Unter den Geologen scheint es jedoch unterschiedliche Meinungen zu geben. Scholz und Rosendahl (1988) folgerten aus ihren Daten, daß ein niedriger Wasserspiegel, 600 Meter unter dem heutigen, während einer Periode von einigen Zehntausend Jahren existierte und vor etwa 25.000 Jahren endete. Nach den heutigen Tiefenkonturen hätte der Tanganjikasee damals aus drei isolierten Seen bestanden. Tiercelin und Mondeguer (1991) stimmen mit Scholz und Rosendahl überein, daß der tiefe Wasserstand über einen langen Zeitraum hinweg bestand (sie schätzten mindestens 200.000 Jahre), aber sie verlegten den niedrigen Wasserstand in das mittlere Pleistozän, vor 50.000 bis 250.000 Jahren. Sie nahmen aber noch einen zweiten niedrigen Wasserstand zwischen 25.000 und 17.000 Jahren vor unserer Zeit an, der aber nicht tief genug war (schätzungsweise zwischen 200 bis 300 m unter dem heutigen Wasserpiegel), um den See in drei Unterseen aufzuteilen. In der oberen Abbildung auf Seite 103 gibt es eine schematische Interpretation des fluktuierenden Wasserstandes des Sees nach beiden Auffassungen. Die Karten auf Seite 103 und Seite 9 zeigen die Küstenlinie des (der) Sees (Seen) bei niedrigem und bei heutigem Wasserstand.

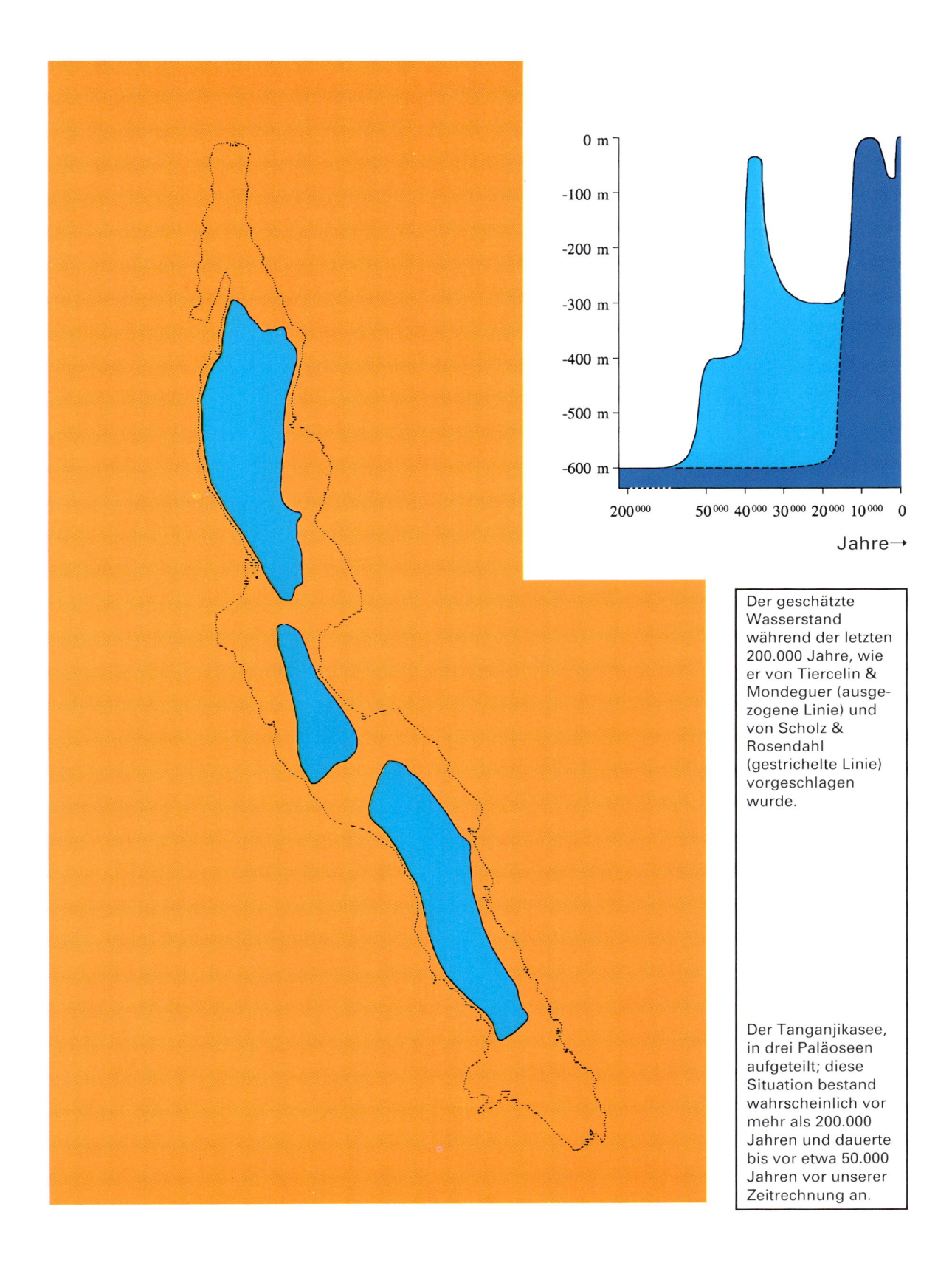

Der geschätzte Wasserstand während der letzten 200.000 Jahre, wie er von Tiercelin & Mondeguer (ausgezogene Linie) und von Scholz & Rosendahl (gestrichelte Linie) vorgeschlagen wurde.

Der Tanganjikasee, in drei Paläoseen aufgeteilt; diese Situation bestand wahrscheinlich vor mehr als 200.000 Jahren und dauerte bis vor etwa 50.000 Jahren vor unserer Zeitrechnung an.

Es ist sehr interessant, daß alle bisherigen Untersuchungen davon ausgehen, daß zu bestimmten Zeiten der Wasserstand des Sees so sehr gefallen war, daß drei Seen existierten anstatt einer. Auch wurde angedeutet, daß dies die Artbildung der Fische (und anderer Organismen) im See verstärkt haben könnte.

Es gibt viele Theorien, wie und unter welchen Umständen Artbildung entsteht, aber insbesondere zwei Grundprinzipien, die sich widersprechen, werden hauptsächlich diskutiert. Es sind die Sympatrische und die Allopatrische Theorie der Artbildung (vgl. Wiley, 1981). Sympatrische Artbildung bedeutet die Entstehung einer neuen Art in Gegenwart der Art, aus der sie sich ableitet. Anhänger dieser Theorie hatten Schwierigkeiten, Beispiele zu finden, um sie zu beweisen. Die Beispiele, die genannt wurden, konnten auch anders erklärt werden. Zur Zeit verliert die Sympatrische Artbildungstheorie zugunsten der Allopatrischen Artbildungstheorie immer mehr an Boden. Diese postuliert, daß sich eine neue Art in Abwesenheit der Art, von der sie abstammt, entwickelt. Die geographische Isolation spielt in diesem Prozeß die Schlüsselrolle. Mit der Entdeckung, daß der Tanganjikasee Perioden durchlief, in denen seine Fauna in drei isolierten Seen aufgesplittet war, hat die Allopatrische Artbildungstheorie für die Artbildung der Tanganjikacichliden beträchtlich an Glaubwürdigkeit gewonnen.

Es gibt auch verschiedene Theorien, die den eigentlichen Prozeß der Artbildung beschreiben; einen davon werden wir im Detail später in diesem Kapitel erläutern. Zuerst einmal möchten wir illustrieren, daß sich die Existenz dreier prähistorischer Unterseen sich immer im Verbreitungsmuster vieler Cichlidenarten wiederspiegelt.

Verbreitungsgebiet von *Cunningtonia longiventralis*
Fanggebiete:
▲ = Poll (1956)
O = heutige Autoren.
Foto oben: *C. longiventralis* bei Mpimbwe, Tansania.
Foto unten: *C. longiventralis*, Ndole Bay, Sambia.

Verbreitungs-
gebiete von
N. niger und
N. obscurus.
Fanggebiete.
N. niger:
▲ = Poll (1956)
O = heutige
   Autoren.
Fanggebiete
N. obscurus:
■ = Poll (1978)
● = heutige
   Autoren.
Fotos:
Oben: *N.
niger*,
Kigoma.
Mitte: *N.
obscurus*,
Cap Tembwe.
Unten: *N.
obscurus*,
Lufubu,
Sambia.

106

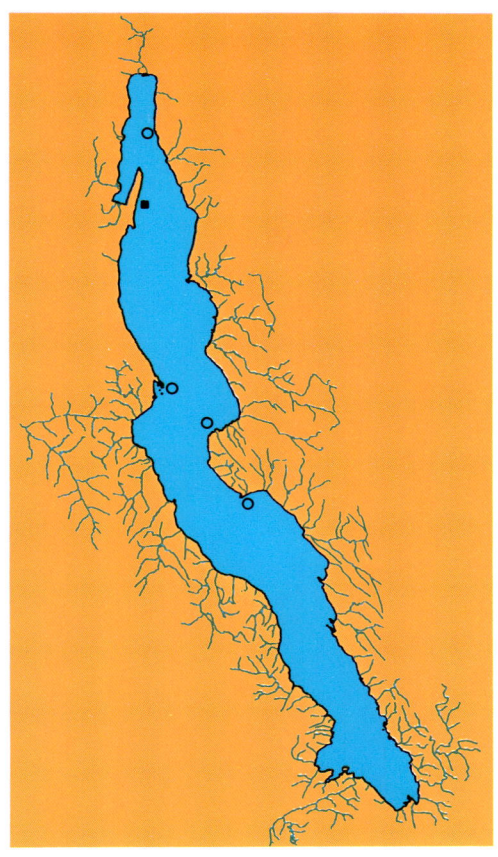

Verbreitungsgebiet von Cyprichromis microlepidotus. Fanggebiete:
▲ = Poll (1956) O = heutige Autoren.

Fotos:
Oben: C. microlepidotus, Bulu Point, Tansania.
Mitte: C. microlepidotus, Magara, Burundi.
Unten: C. microlepidotus, Kavalla Insel, Zaïre.

107

Verbreitungs-
gebiet von
*Neolampro-
logus toae*.
Fanggebiete:
■ = Poll (1956)
▲ = Kuwamura
 (1987)
O = heutige
 Autoren.

Fotos:
Oben: *N. toae*,
Kigoma,
Tansania.
Unten: *N.
toae*,
Kambwebwe,
Zaïre.

108

Verbreitungsgebiet von *Neolamprologus moorii*.
Fanggebiete:
▲ = Poll (1956)
O = heutige Autoren

Fotos:
Oben: *N. moorii*, Jungfisch, Cameron Bay, Sambia.
Mitte: *N. moorii*, Malasa Insel, Tansania.
Unten: *N. moorii*, Kanoni, Zaïre.

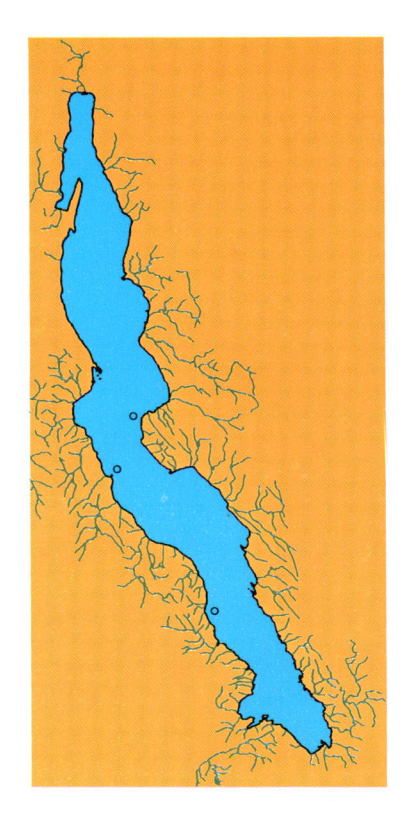

Das Verbreitungsgebiet von *Neolamprologus* sp. "Multifasciatus Big Eye".
Foto oben: *N.* sp. "Multifasciatus Big Eye" bei Bulu Point, Tansania.
Unten: dieselbe Art bei Cap Tembwe, Zaïre.

Wenn wir die Allopatrische Artbildungstheorie akzeptieren, stehen uns zwei Haupttheorien zur Verfügung, die erklären, wie die geographische Isolation zu Artbildung führen kann: die Vikarianz-Theorie (Rosen, 1975) und die Peripatrische Artbildung oder Gründereffekt (vgl. Mayr, 1963). Vikarianz bedeutet die Aufspaltung der Mutterpopulation durch geologische Ereignisse (in diesem Fall das Absinken des Wasserspiegels des Sees), wodurch eine geographische Barriere zwischen den Tochterpopulationen entsteht. Diese aufgesplitteten Populationen beginnen ihre eigene, unabhängige Evolution, was möglicherweise zu neuen Rassen und Arten führt (wenn die Isolation lange genug bestehen bleibt). Die Vikarianz-Theorie fordert, daß Tochterpopulationen Arten bilden, weil sie voneinander isoliert sind. Nach dieser Theorie findet Artbildung jederzeit statt, auch dann, wenn die Populationsdichte unverändert bleibt.

Eine Mutterpopulation kann auch ihre Verbreitung durch Abwanderung einiger Tiere vergrößern. Diese etablieren die Art in einer vorher nicht bewohnten Gegend und können im nachhinein von der Mutterpopulation getrennt werden. Weitere Evolution kann nun neue Arten in solchen Tochterpopulationen hervorbringen. Die Theorie der Peripatrischen Evolution (Gründereffekt) aber besagt, daß die meisten Arten entstehen, wenn neue Populationen gegründet werden, d. h. in Gegenden, in denen die Populationsdichte weit unterhalb der balancierten Situation liegt.

Meiner Meinung nach findet KEINE Artbildung statt, solange ausreichend Tiere in den (Tochter-) Populationen vorhanden sind. Es ist schwierig, ein Maß für "ausreichend" zu geben, aber in der folgenden Diskussion wird uns klar werden, daß es (die exakte Zahl der Individuen) für die Theorie irrelevant ist. Der Gründereffekt besagt, daß Artbildung stattfinden kann, wenn einige Tiere von der Mutterpopulation abgewandert sind und eine neue Population gegründet haben.

Cichliden sind bodenorientierte Fische und können normalerweise tiefes, offenes Wasser nicht durchqueren, um sich in anderen Gegenden anzusiedeln. Viele Arten sind auf eine bestimmte Art Biotop angewiesen, nach dem sie "beschaffen" sind (Dr. Ethelwynn Trewavas, pers. Mittl.). Wird ein solcher Biotoptyp durch einen anderen, *un*geeigneten unterbrochen, kann dies eine Barriere für die Verbreitung dieser Art darstellen. Je weiter geeignete Lebensräume voneinander entfernt sind, um so weniger wahrscheinlich ist es, daß solche Biotop abhängige Arten von einem Platz zum anderen wandern können. Die Ausbreitung dieser Arten wird also mit wachsender Größe ungeeigneter Lebensräume immer unwahrscheinlicher. Das spiegelt sich in der Verbreitung vieler felsenbewohnender Cichliden im See wieder. Wäre dies nicht der Fall, so würde man alle felsenbewohnenden Arten an jeder geeigneten Felsküste des Sees antreffen. Dies entspricht sicher nicht der Wirklichkeit, wie die Verbreitungskarten auf den Seiten 105 bis 110 zeigen.

Deshalb ist auch ohne weiteres einzusehen, daß eine lange Strecke ungeeigneten Lebensraums eine Barriere für die Ausbreitung einer bestimmten Art darstellen kann. Cichliden brauchen engen Kontakt zum Substrat und deshalb können sie sich nur entlang der Küstenlinie bis zu einer Tiefe von maximal 250 Metern ausbreiten (tiefere Wasserschichten im Tanganjikasee enthalten keinen Sauerstoff). Große Bereiche der tanganjikanischen Küste sind von der gegenüberliegenden Seite des Sees durch sehr tiefes Wasser getrennt, das von Cichliden nicht durchquert werden kann. Wenn ein Cichlide von einer Seite des Sees zur anderen wandert, muß er dem Küstenverlauf folgen. Deshalb ist die gegenüberliegende Seite eines tiefen Basins im See auch der am weitesten entfernt Punkt bezüglich der Ausbreitung der Cichliden. Dennoch findet man die meisten Arten auf den Fotos der Seiten 105 bis 110 auf beiden Seiten des Sees in ihren jeweiligen Lebensräumen. Sie haben sich zu beiden Seiten des Sees angesiedelt, aber NICHT entlang der jetzigen Küstenlinie südlich oder nördlich ihres Verbreitungsgebietes. Für Arten, die auf den nördlichsten Teil des Sees beschränkt sind, könnte man annehmen, daß sie sich vom nördlichsten Punkt nach beiden Seiten hin ausbreiteten (bevor der Fluß Rusizi eine Grenze formte), und für Arten in der Südhälfte, daß sie vom südlichsten Punkt nach beiden Seiten wanderten.

Heute, wo wir wissen, daß der Wasserspiegel des Sees im Laufe der Zeit schwankte, ist es viel einfacher anzunehmen, daß diese Arten in den viel kleineren Paläoseen in einer Periode mit sehr niedrigem Wasserstand, bereits vorhanden waren. In diesen Paläoseen waren sie wahrscheinlich entlang der gesamten Küstenlinie verbreitet, wie sie es im Kivusee heute noch sind (Dr. Jos Snoeks, pers. Mittl.). Als sich der Wasserspiegel hob, sind sie einfach mit nach oben gewandert, wobei sie jedoch immer in der von ihnen bevorzugten Tiefe verblieben (vertikale Migration). Obwohl also die Populationen an der linken und rechten Seite des Sees heute völlig isoliert sind, sind es doch noch immer die selben Arten; zumindest gibt es keine erkennbaren Unterschiede zwischen ihnen. Am schönsten wird dies anhand der Verbreitung von *Tropheus annectens* illustriert. Wir halten *T. polli* für synonym mit *T. annectens*. Aber auch wenn man dies bestreitet, gibt es keinen Grund zu bezweifeln, daß sie sehr nahe verwandt sind. Auf Seite 113 ist die Verbreitung dieser Art(en) entlang der heutigen Küstenlinie und zu Zeiten eines tiefen Wasserspiegels (der -600 Meter Umriß (Coulter, 1991)) wiedergegeben. Es ist bemerkenswert, daß *T. annectens* (und *T. polli*) nur an den Stellen an der heutigen Küste vorkommt, die schon während Perioden mit niedrigem Wasserstand (steile Felsküsten) besiedelt waren. Es ist daher sehr wahrscheinlich, daß *T. annectens* in einem solchen Paläosee bereits zugegen war und sich nach dem Anstieg des Wasserspiegels auf den heutigen Stand nicht weiter ausbreitete.

Tropheus annectens bei Bulu Point, Tansania (O) und bei M'toto, Zaïre (■). Die Population bei Bulu Point wurde als *T. polli* beschrieben, wird aber hier als Rasse von *T. annectens* betrachtet, von der die Typenart in Zaïre gefangen wurde.

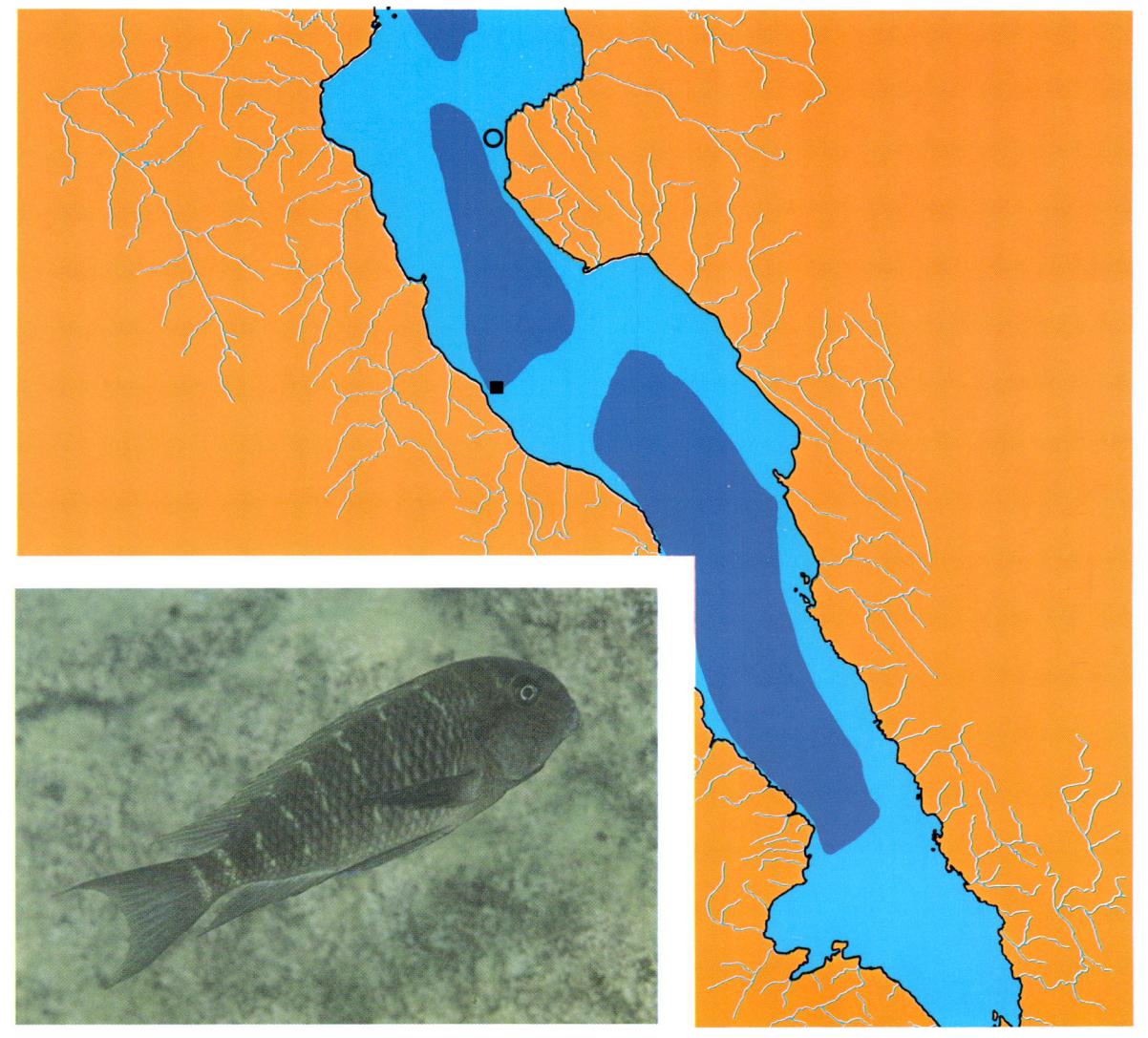

113

Die Verbreitungsmuster der Arten in den Abbildungen auf Seiten 105 bis 110 können durch einen ähnlichen Prozeß erklärt werden. Eine Verbreitung ist nicht nötig, um ihr Vorhandensein auf beiden Seiten des Sees zu erklären. In der Tat durchliefen diese Populationen eine Art Aufsplittung nach der Vikarianz-Theorie. Würde Artbildung sich nach dieser Theorie ereignen, so müßten wir auf beiden Seiten des Sees neue Arten finden. Wir würden diese Arten in den Regionen finden, die in der Abbildung rechts rot angegeben sind. Diese Regionen sind den Küstenlinien der Paläoseen am nächsten und liegen in der Nähe steiler Felsküsten. Die einzige Art, die dazu paßt, ist *Tropheus* sp. "Black" (Kirschfleck), die nur an der Ostzentralküste vorkommt. Würden wir die Vikarianz-Theorie akzeptieren, würde dieser relative Mangel an neuen Arten bedeuten, daß Artbildung bei den meisten Arten länger als 25.000 bis 50.000 Jahre dauert, die geschätzte Zeit, die der See brauchte, um vom Dreiersee zum heutigen Stand des Sees anzuschwellen. Aber dies wäre im Widerspruch mit der Existenz von mehr als zehn neuen (heutigen, die nicht in den Paläoseen vorkamen) Arten in den sambischen Teilen des Sees, die zu Zeiten des niedrigen Wasserstandes nicht vorhanden sein konnten, da die gesamte Gegend damals trockenes Land war! Diese Arten wurden entweder ganz aus ihren Revieren im Paläosee in diesen neuen Lebensraum im Süden getrieben, oder entwickelten sich in den Gewässern Sambias aus Arten, die aus dem Paläosee in diese Region abgewandert sind. Die Abbildungen der Karten auf Seite 115 bis 117 zeigen einige der "neuen" Arten, die nur in den Gewässern vorkommen, die trockenes Land und weit entfernt vom Paläosee während der Periode des niedrigen Wasserstandes waren.

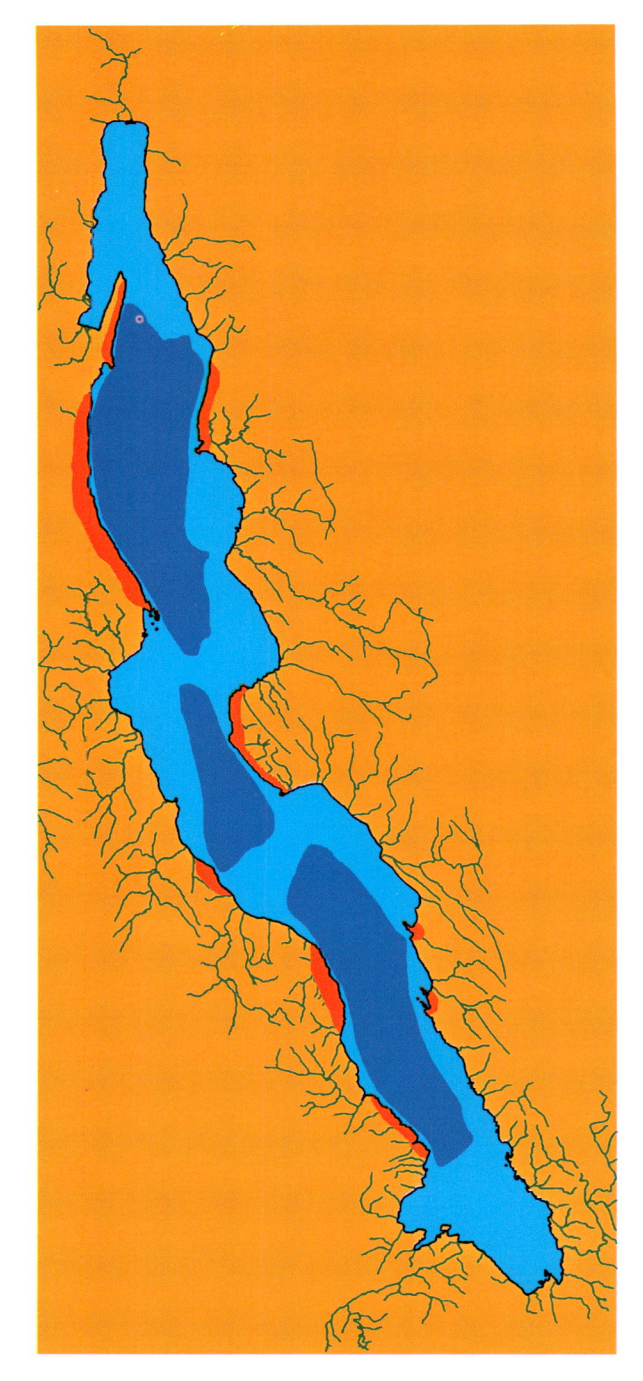

Die roten Bereiche geben die steilen Felsküsten des Sees an.

Verbreitungsgebiet von *N. cylindricus*
▲ = Schupke (1983)
O = heutige Autoren
Foto rechts: *N. cylindricus* bei Malasa Insel, Tansania.
Die Sumbu Bay, Sambia, ist die einzige Stelle, von der *Altolamprologus* sp. "Sumbu Shell" bekannt ist. Sein Vorkommen ist mit ■ markiert.

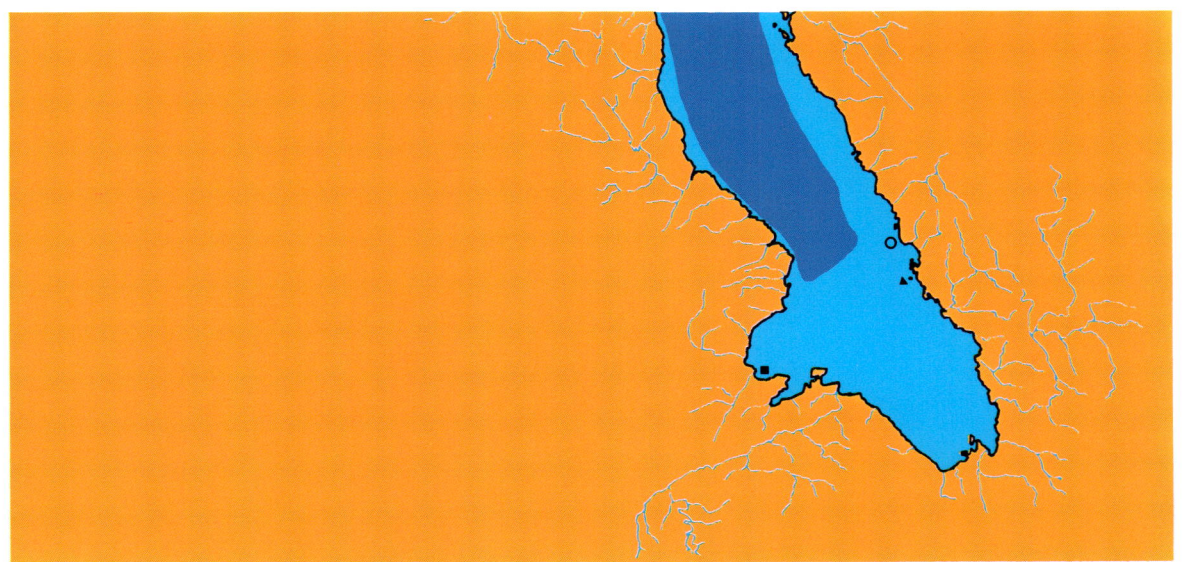

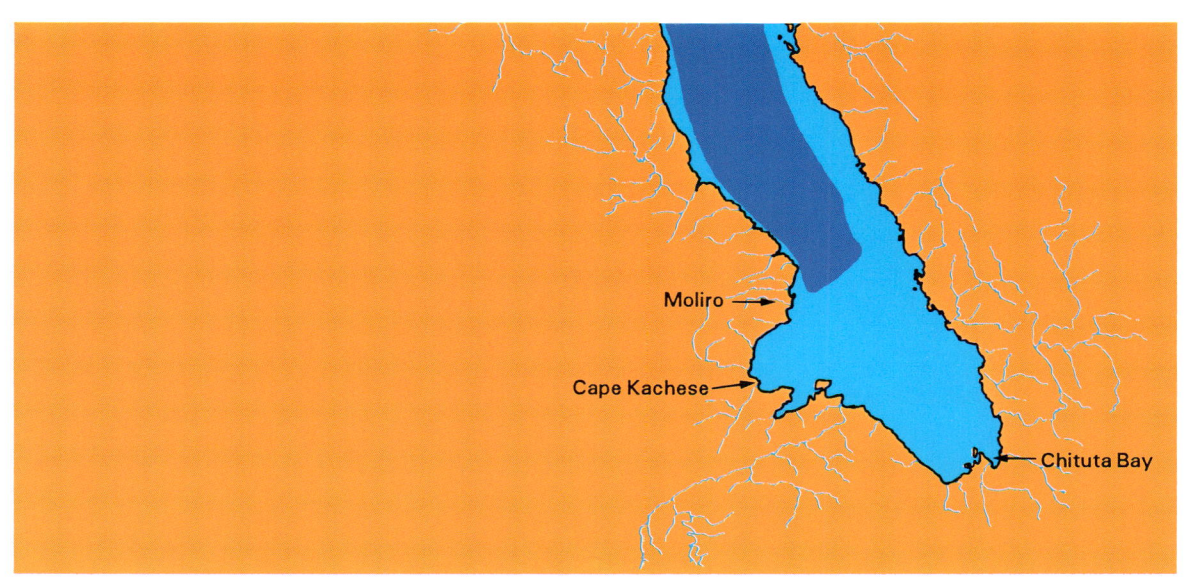

N. buescheri kommt in Sambia und Zaïre vor. Die Rasse bei Moliro, Zaïre (Foto oben links) gleicht der bei Chituta Bay, Sambia (Foto unten), mehr noch als der bei Cape Kachese (Foto oben rechts).

Neolamprologus prochilus ist auf sambisches Wasser beschränkt. Bekanntes Verbreitungsgebiet:
▲ = Bailey & Stewart (1977)
O = heutige Autoren.

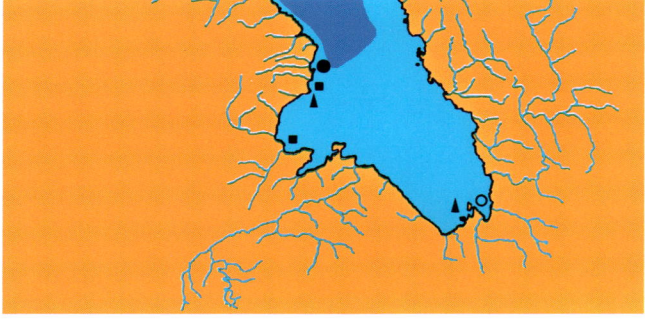

Julidochromis dickfeldi (Foto links, aufgenommen bei Moliro) kommen in sambischem und zaïrischem Wasser vor.
Bekannte Verbreitungsgebiete:
■ = Staeck (1975)
● = heutige Autoren.

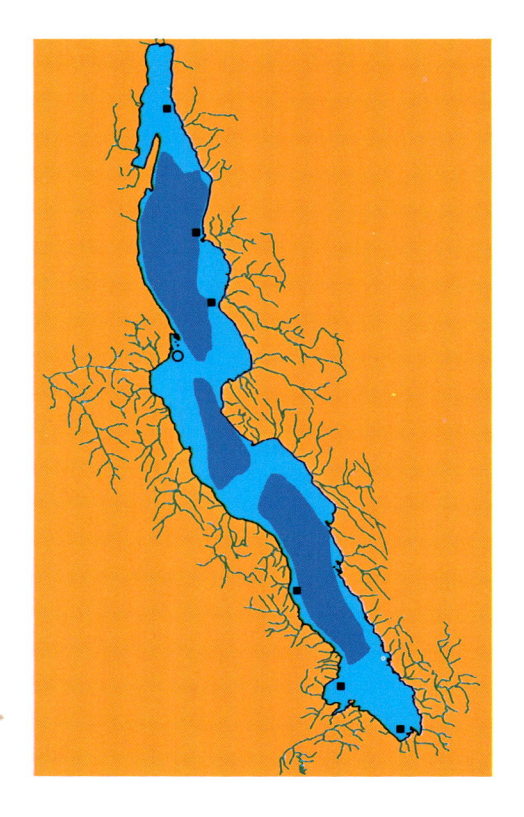

Interessanterweise zeigen mehrere dieser neuen Arten ein begrenztes Verbreitungsmuster innerhalb des neubesiedelten Biotops des sambischen Gewässers. Der sambische Teil des Sees ist recht gut erforscht, was die Cichlidenarten, die den Aquarianern bekannt sind, betrifft, aber man kann dagegen einwenden, daß das gesamte Verbreitungsmuster der genannten Arten unbekannt ist. Andere Regionen des Sees mit neu besiedelbaren Stellen, könnten ebenfalls neue Arten beherbergen (vgl. Abb. links), die aber bisher noch nicht so gut untersucht wurden wie gerade jene in Sambia.

Enantiopus melanogenys kommt an vielen Stellen im See vor. *E.* sp. "Kilesa" dagegen nur bei Toa, Zaïre. Nur die Stellen, die von den Autoren besucht wurden, sind markiert.
■ = *Enantiopus melanogenys*
O = *Enantiopus* sp. "Kilesa"
Das Bild zeigt ein balzendes Männchen und ein *E.* sp. "Kilesa" Weibchen.

Zum Nutzen der Leser, die noch nicht überzeugt sind, daß sich die Tanganjikacichliden wahrscheinlich nicht im Einklang mit der Vikarianz-Theorie entwickelt haben, möchten wir die geographische Variation einiger Arten diskutieren. Bisher haben wir über neue Arten gesprochen, aber der gleiche Prozeß kann auch (besser) an der geographischen Variation der Arten studiert werden. Es gibt wenig Zweifel bei Wissenschaftlern und Aquarianern darüber, daß einige Arten geographische Variation aufweisen. Variation kommt bei Populationen vor, die von anderen Populationen derselben Art isoliert oder fast isoliert sind. Diese Isolation hat in einigen Fällen zu neuen Arten geführt, die sich ganz auffällig durch ihre Farben, vor allem die Brutfärbung der Männchen, aber auch durch morphologische Merkmale unterscheiden.

Die folgenden Arten, die über den gesamten See hinweg verbreitet sind, haben im sambischen Wasser lokale Rassen gebildet: *Ophtahlmotilapia ventralis, Cyathopharynx furcifer, Tropheus moorii, Petrochromis polyodon, Xenotilapia ochrogenys, Neolamprologus moorii* und *N. sexfasciatus*.

Die Fotos auf Seite 120 und 121 zeigen mehrere Rassen von *O. ventralis*, die in der Südhälfte des Sees leben. Es ist äußerst seltsam, daß die Populationen, die den größten Abstand zueinander haben, sich am meisten gleichen! Im Wasser Sambias hat *O. ventralis* jedoch mehrere neue Rassen gebildet, die sich recht stark von denen, von denen sie abstammen müssen (gelbe Varianten), unterscheiden. In der Tat kann man behaupten, daß die sambischen Rassen einen höheren Grad an Variabilität aufweisen, als die gelben Rassen auf beiden Seiten des Sees!

120

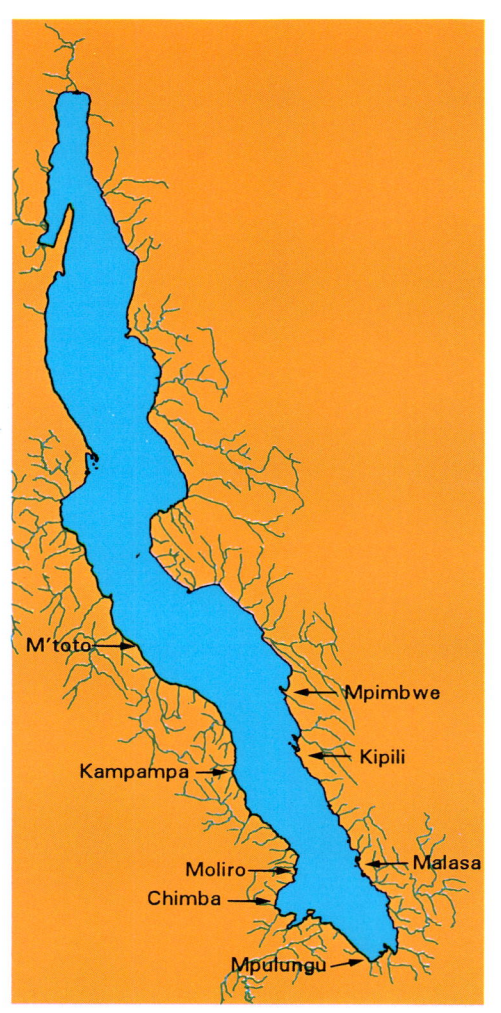

Ophthalmotilapia ventralis an verschiedenen Stellen im Südteil des Sees.
Seite 120, oben: M'toto, Zaïre; Mitte: Kapampa, Zaïre; unten links: Moliro, Zaïre; unten rechts: Chimba, Sambia.
Diese Seite, oben: Mpimbwe, Tansania; Mitte: Kipili, Tansania; unten rechts: Malasa Insel; unten links: Mpulungu.
Vgl. auch Seite 62 die Kasaba Bay Variante.

Cyathopharynx furcifer kommt überall im See vor. Hier sind drei südliche Rassen abgebildet. Foto oben: die Variante bei Kanoni, Zaïre; Mitte: bei Kipili, Tansania; unten: bei Moliro, Zaïre. In Moliro Bay wurden zwei verschiedene *Cyathopharynx* Arten im selben Biotop beobachtet (siehe Foto folgende Seite).

Die Fotos auf Seite 122 zeigen ein ähnliches Verbreitungsmuster für *Cyathopharynx furcifer*, obwohl nur eine Rasse in der sambischen Region gefunden wurde. Sie hat aber in dieser Gegend auch noch eine neue Art ausgebildet: *C.* sp. "Furcifer Zambia"!

Der Cichlide, in Moliro Bay, Zaïre, aufgenommen, ist keine Variante des Fischs, der allgemein als *Cyathopharynx furcifer* bekannt ist, denn er teilt das Biotop mit jener Art. Bis heute ist es noch nicht möglich, die genaue Identität beider Arten festzustellen, da die Typenart von *C. furcifer* bei Moliro gefangen wurde. Bis weitere Untersuchungen zu diesem Fall gemacht werden, wollen wir uns an die heute akzeptierte Identifizierung der Art mit seeweiter Verbreitung halten. Deshalb wird die Art auf dem Foto als *Cyathopharynx* sp. "Furcifer Zambia" wiedergegeben. Sie wurde auch an anderen Stellen in Sambia gefunden.

Die Fotos auf Seite 124 zeigen die Verbreitung der Populationen von *T. moorii*, die zur Zeit zu einer einzigen Art gerechnet werden. Ein besonderes Merkmal ihres Verbreitungsmusters ist, daß sich ein unterschiedliches Grundfarbmuster ausgebildet hat (der "Rote Moorii"). Beachte, daß die Rasse bei Kapampa einen hellen Fleck auf der Flanke trägt, wie die südöstliche Population.

Die Abbildungen auf Seite 125 bis 127 liefern noch mehr Beispiele für Arten mit einer neuen geographischen Rasse im sambischen Gewässer.

Verschiedene *Tropheus moorii* Rassen.
Oben: Kibwesa, Tansania
Links: Kapampa, Zaïre
Mitte links: Kiku, Zaïre
Mitte rechts: Kasanga, Tansania
Unten links: Chipimbi, Sambia
Unten rechts: Chaitika, Sambia

124

Petrochromis polyodon bei M'toto (oben), Kapampa (Mitte) und Moliro (unten).

125

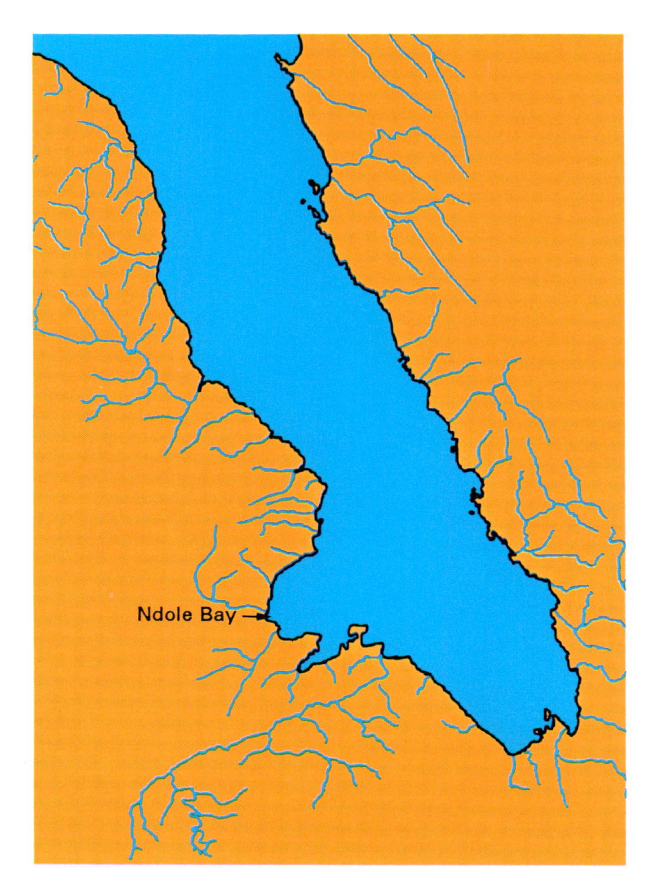

Die einzige bekannte geographische Variante von *Xenotilapia ochrogenys* lebt in Ndole Bay, Sambia (Foto unten). An allen anderen bekannten Vorkommensorten gleicht sie dem Tier das oben abgebildet ist (Kigoma, Tansania).

Nächste Seite:
Neolamprologus sexfasciatus an drei verschiedenen Stellen: bei Kipili, Tansania (rechts); bei Tembwe, Zaïre (Mitte); und bei Ndole, Sambia (unten).

127

Wenn wir die Vikarianz-Theorie als die normale Methode für die Schaffung neuer Arten akzeptieren würden, gäbe es keinerlei plausible Erklärung für die Tatsache, daß Populationen (einer einzigen Art), die absolut isoliert voneinander sind, sich während einer Zeit, in der die selbe Art woanders unterschiedlich aussehende Populationen entwickelte, nicht verändert haben. Wir können nur eine Antwort dafür geben: diese neuen Arten und Varianten haben sich im sambischen Gewässer aus Abwanderern von Populationen des Paläosees entwickelt. Dies würde im Einklang mit der Gründereffekt-Artbildungstheorie stehen.

Der Gründereffekt

Eine Art ist durch alle erblichen Merkmale aller Individuen, die an der Fortpflanzung dieser Art teilhaben, gekennzeichnet. Die genetische Einheit, die die Entwicklung der verschiedenen Merkmale kontrolliert, nennt man ein Gen. Ein Genpool besteht aus den Genen aller miteinander sich fortpflanzender Tiere einer Population einer Art. Keine der Individuen einer Population sind miteinander genetisch 100% identisch. Kleine Mutationen (Veränderungen in den Erbmerkmalen) bedingen Variation. Jedes Gen besitzt jedoch eine Standardform, die in dieser bestimmten Ausbildung bei der Mehrzahl der Tiere gefunden wird.

Die Variabilität in den Genen wilder Cichliden demonstriert dieses Monstrum eines *Cyphotilapia frontosa*, der in Cameron Bay, Sambia, gefangen wurde. Er sieht nicht wie die anderen Tiere der selben Population aus und wird wahrscheinlich nicht als zur Art gehörend erkannt.

Die Gene sind an Chromosomen gebunden. Alle Cichliden haben einen doppelten Chromosomensatz: einen bekommen sie von der Mutter und einen vom Vater. Wenn die männliche und die weibliche Keimzelle verschmelzen, um einen neuen Fisch zu bilden, ist es leicht möglich, daß ein verändertes Gen A eines Elternteils durch das Standardgen A des anderen Elternteils kompensiert wird. Die Möglichkeit, daß ein verändertes Gen A mit einem Gen A mit exakt der selben Variation gepaart wird, vergrößert sich jedoch drastisch, wenn die Eltern Geschwister sind (Inzucht). Dies konnte in Aquarien und Teichen der kommerziellen Fischzüchter deutlich demonstriert werden. Die Nachkommen von Wildfängen gleichen im allgemeinen ihren Eltern, aber wenn der ursprüngliche Wildstamm verlorengeht und keine Neuimporte ("neues Blut") mehr möglich sind, entsteht aus den wiederholten Kreuzungen unter den Nachkommen nach einigen Generationen eine überraschende Anzahl mutierter Nachkommen. Neben allen möglichen Monstrositäten, wie schleierförmig geformte Flossen, gekrümmte Wirbelsäule und deformierte Mäuler, entstehen auch "neue" Farbvarianten: pink, albino, schwarz gefleckt, marmoriert, usw.. Die veränderten Gene sind auch in der natürlichen Population vorhanden, werden dort aber durch die Standardgene "neutralisiert" oder ausgeglichen.

Wenn ein verändertes Gen eine Veränderung der Farbe eines Cichliden bewirkt, wird sich eine solche, neue Färbung in den Nachkommen nur dann manifestieren, wenn beide Eltern ein Gen B mit der selben Mutation besitzen, die für die Farbe verantwortlich ist. Es ist bekannt, daß bei Cichliden Farben eine wichtige Rolle bei der Erkennung der Partner spielen (Fryer, 1977; Dominey, 1984). Ein Tier mit einer abweichenden Färbung kann von der Mehrheit in der Population nicht als zur Art gehörend erkannt werden (und damit auch nicht als potientieller Paarungspartner) und hat deshalb wahrscheinlich keine Gelegenheit, seine veränderten Gene an die nächste Generation weiter zu geben. Findet es aber doch einen Partner, wird sein verändertes Gen B sehr wahrscheinlich durch das Standardgen des Partners "neutralisiert".

Für jedes veränderte Gen A in einer Population aus einer großen Anzahl miteinander brütender Tiere gibt es Tausende Standardgene A.

Gründerpopulationen sind anders. Wurde ein neuer geeigneter Lebensraum geschaffen (durch einen ansteigenden Wasserstand), kann er durch jede Art, die in der Lage ist das ungeeignete Biotop, das die Mutterpopulation von dieser neuen Gegend trennt, zu durchqueren, bevölkert werden. Im Malawisee wurden von McKaye und Gray (1984) Experimente zur Ausbreitungsfähigkeit felsenbewohnender Arten durchgeführt. Sie bauten künstliche Riffe in Sandbiotopen, etwa einen Kilometer vor einer Felsküste. Sie fanden heraus, daß viele felsenbewohnende Cichliden in der Lage sind, Sandbiotope zu durchqueren und das künstliche Riff zu besiedeln. Interessanterweise zeigten ihre Experimente auch, daß die meisten felsenbewohnenden Arten Jahre brauchten, um das neue Riff zu "finden". Da wir wissen, daß Cichliden in der Lage sind, mehrmals im Jahr Nachkommen zu produzieren, kann man sich leicht vorstellen, daß, wenn sich einmal ein Männchen und ein Weibchen einer Art an dem neuen Riff getroffen haben, sie mehrere Hundert Nachkommen produzieren können, bevor das dritte Tier dieser Art ankommt! Bevor dieses dritte Tier ankommt, bedeutet also für jede Kreuzung, die nicht das ursprüngliche Paar einschließt, Inzucht!

Die Ergebnisse, die im Malawisee gewonnen wurden, können nicht blindlings auf die Situation im Tanganjikasee übertragen werden. Die Tatsache aber, daß die künstlichen Riffe im Malawisee, die nur einen Kilometer von der nächsten Felsküste entfernt waren, eine derart starke Verzögerung in der Ausbreitung zeigten, könnte nahelegen, daß noch größere Entfernungen für die Ausbreitungsrate der Cichliden sehr kritisch sein würden.

Gründerpopulationen können aus sehr wenigen Tieren aufgebaut werden und haben dann eine hohe Wahrscheinlichkeit, eine starke Variation unter ihren Mitgliedern zu schaffen. Der kleine Genpool der ursprünglichen Gründerpopulation enthält nicht genug Standardgene, um die Mutanten zu neutralisieren. Die meisten Variationen (Mutationen) werden durch die Selektionskräfte der Umgebung (Raubfische) verschwinden. Zum Beispiel hat ein albino *Tropheus moorii* kaum eine Chance, sein Jugendalter zu überleben, und daher auch keine Chance, seine Gene an die nächste Generation weiter zu geben. Wenn aber das neue Biotop einen anderen Nahrungstyp bietet oder sich (obwohl es zum Leben geeignet ist) von den angrenzenden unterscheidet, können diese Umweltfaktoren eine Selektion bei den Nachkommen einleiten. In der Anfangsphase der Gründerpopulation ist auch die Zusammensetzung der Gemeinschaft wichtig, d. h. welche andere(n) Art(en) zugegen und welche schon fest angesiedelt ist (sind).

Wenn Inzucht die Schaffung neuer Arten einleitet, dann *verhindert* der große Genpool der Mutterpopulation die Schaffung neuer Arten. In der Tat stabilisiert er die Charakterzüge einer Art.

Diese Hypothese spiegelt sich in der heutigen Zusammensetzung und den Verbreitungsmustern der Tanganjikacichliden wieder. Bevor wir dazu übergehen, die Ausbreitung der "neuen" Arten im See zu diskutieren, soll die Peripatrische Artbildung (Gründereffekt) durch die Zeichnungen auf Seite 131 bis 135 illustriert werden.

1

2

Vor langer Zeit war der Wasserstand des Sees vielleicht 500mal tiefer als der heute gemessene Stand. Der Paläosee enthält nur eine durchgehende Felsküste, die von einer Population einer bestimmten Cichlidenart bewohnt wird. Ausschnittregionen 1 und 2 geben einen Querschnitt durch die Variabilität einer Population wieder.

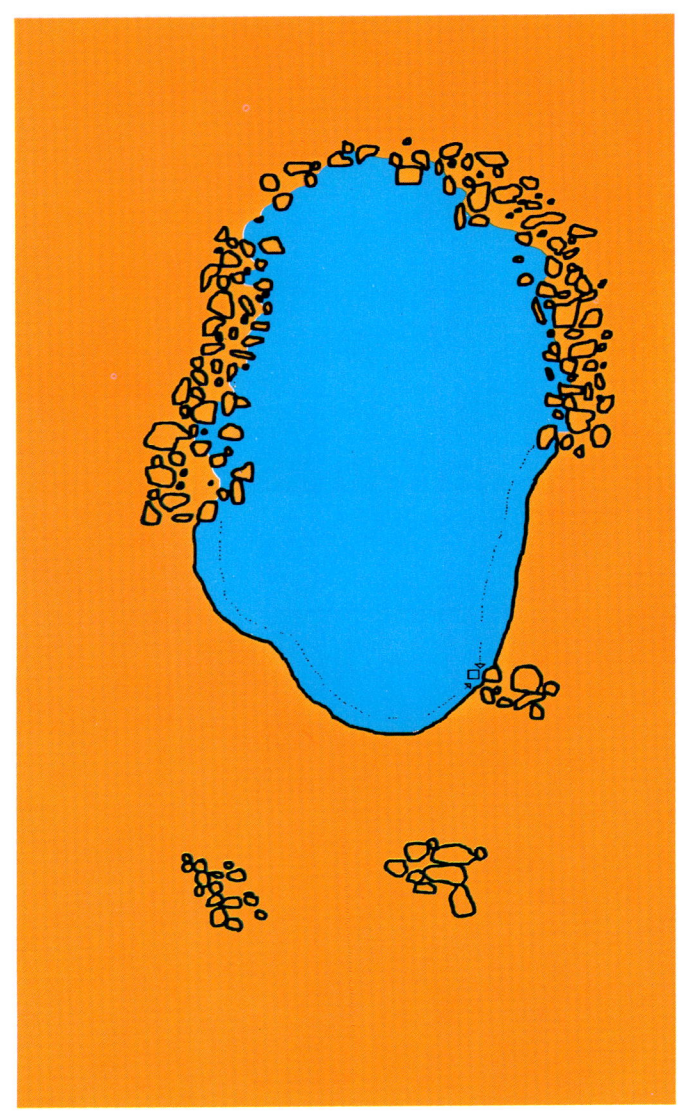

Inzucht

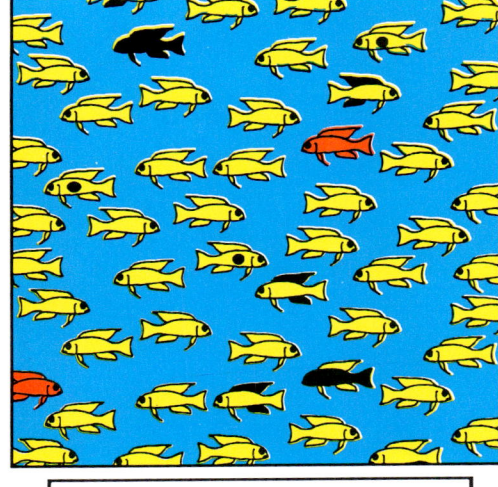

Selektion

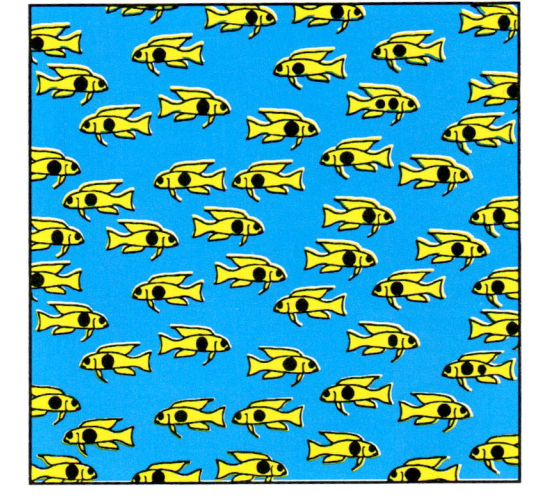

Nach einem Anstieg des Wasserstandes gelangten nur zwei felsenbewohnende Cichliden in die neue Felsregion. Dieses Paar, das zuerst an einer bestimmten Stelle ankommt, produziert eine große Anzahl Nachkommen. Nach mehreren Jahren Inzucht und Selektion ist eine unterschiedlich aussehende Population entstanden.

Ein zweites neues Biotop wird von felsenbewohnenden Cichliden besiedelt. Die Ausgangspopulation (fünf hypothetische Tiere im Diagramm) ist in diesem Fall größer und damit auch der Genpool. Der Prozeß der Inzucht und Selektion läßt eine Population entstehen, die der Mutterpopulation ähnelt (die in der vorherigen Abbildung gegründet wurde).

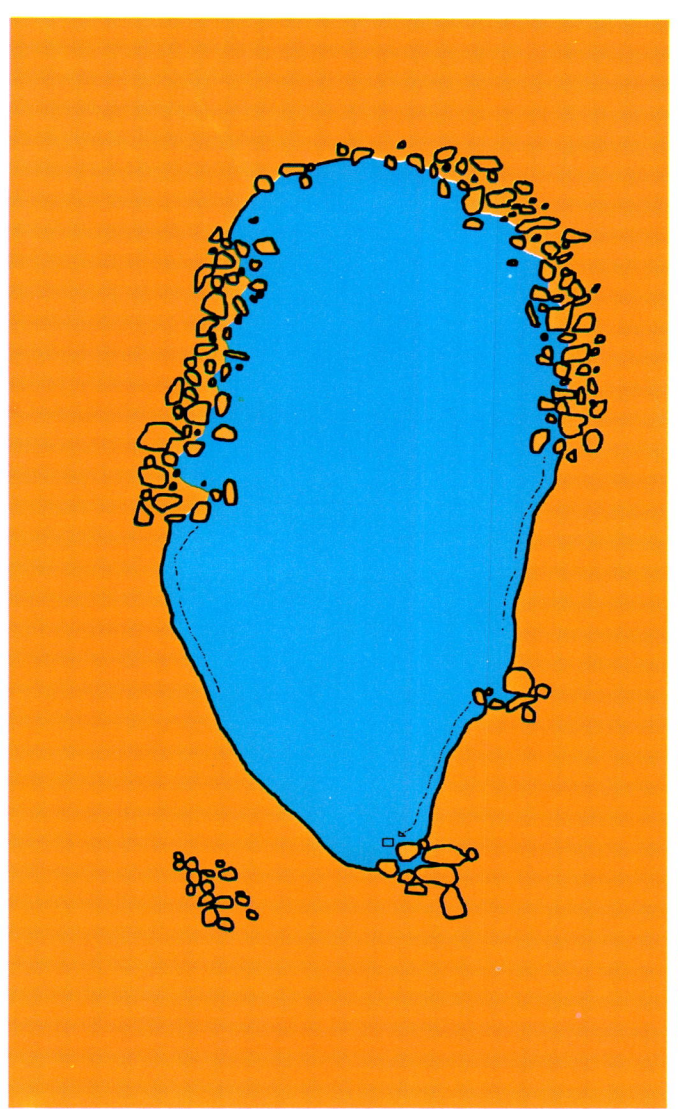

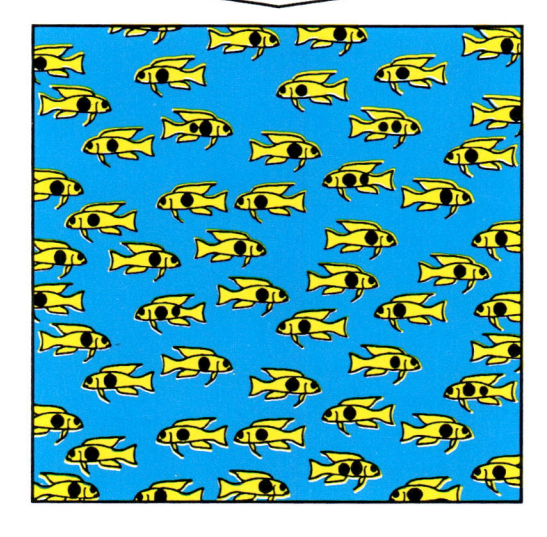

Inzucht

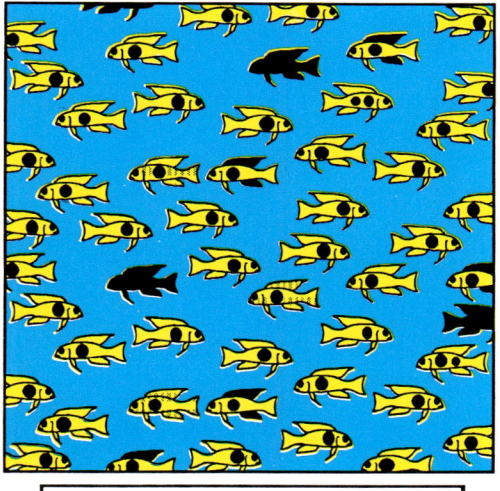

Selektion

133

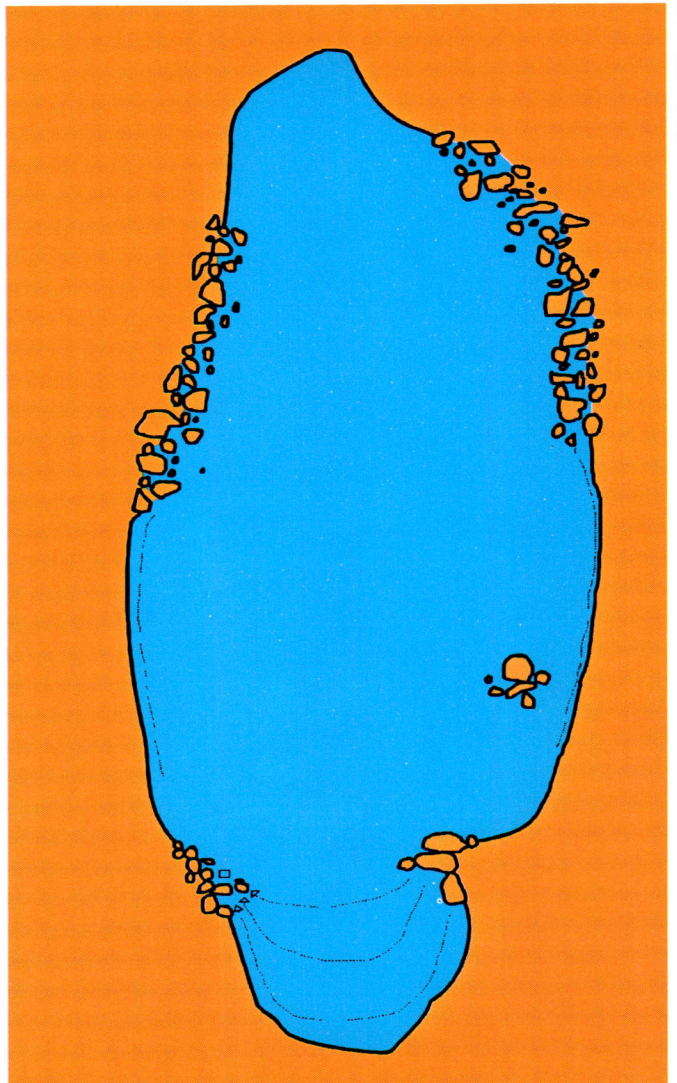

Inzucht + Selektion

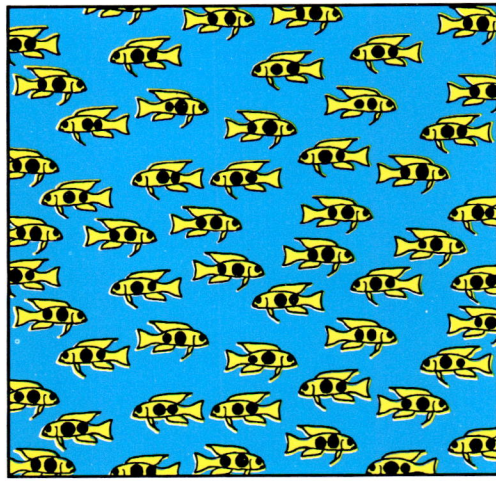

Der See ist auf seinen maximalen Wasserstand angestiegen und jetzt wird die letzte Felsregion besiedelt. Die gestrichelten Linien zeigen die möglichen Wanderungsrouten an, die felsenliebende Cichliden zu den neuen geeigneten Stellen genommen haben könnten.

Die Abbildung auf der nächsten Seite zeigt einen Querschnitt durch eine Population an fünf verschiedenen Beispielregionen.
Der Querschnitt (1 + 2) oben auf der Seite demonstriert die Situation, wenn die neue Population eine geographische Variante formt (während des Prozesses in der Abbildung auf Seite 132).
Der Querschnitt (1 + 2) in der Mitte der Seite gibt die Situation wieder, wenn die Gründerpopulation eine neue Art formt (demonstriert durch gepunktete Tiere).
Der 500 m Umriß gibt den niedrigsten Stand wie im Diagramm auf Seite 131 wieder.

1+2

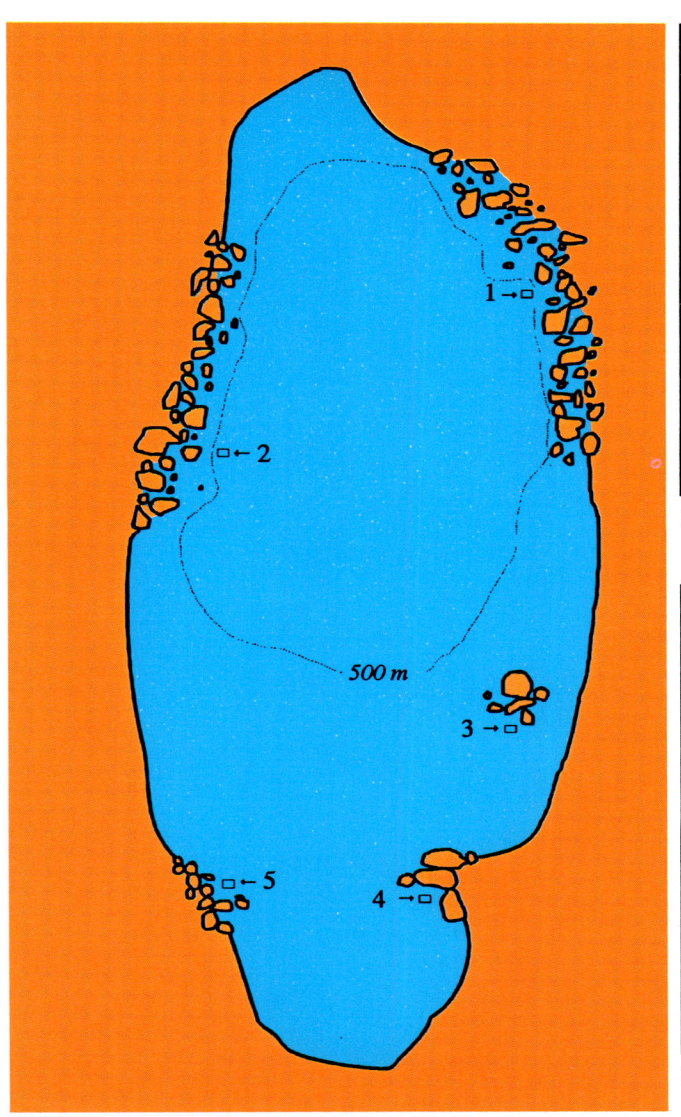

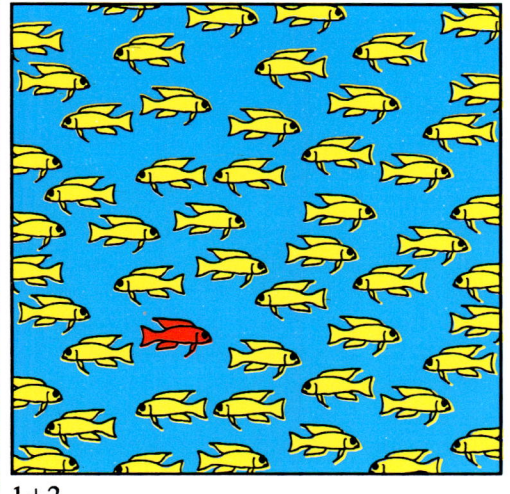

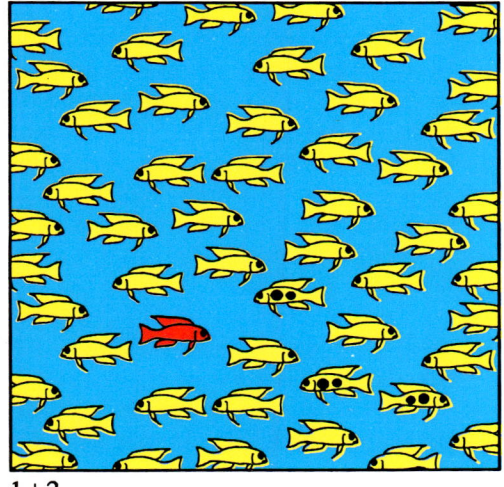

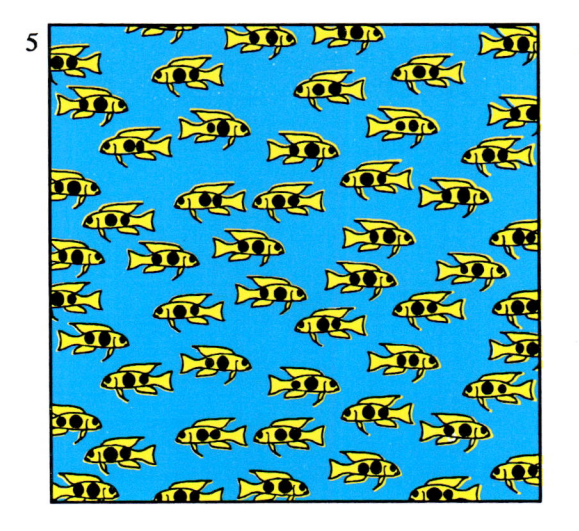

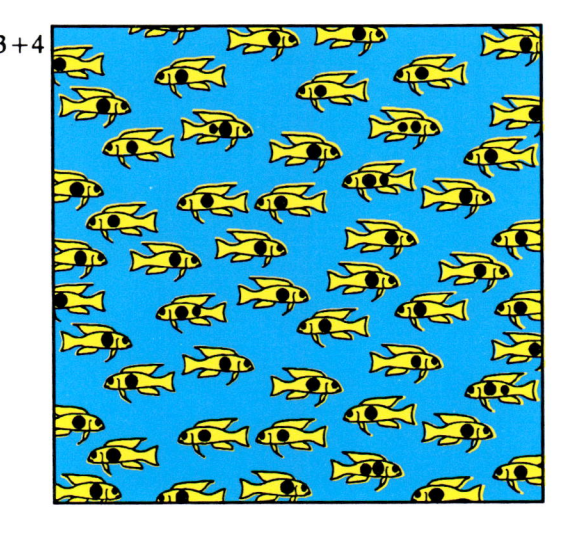

1+2

5

3+4

Wenn wir nun überzeugt sind, daß Artbildung nach dem Gründereffekt vonstatten geht, dann sollten wir die meisten Variantenpopulationen und neuen Arten in relativ neuen Gegenden erwarten. Im Tanganjikasee sind das die Regionen, die trockenes Land waren als der Wasserstand niedrig war. Die Abbildung rechts deutet die neu besiedelbaren Regionen des Sees an. Beachte, daß diese Regionen sich nicht mit denen in der Abbildung auf Seite 114 überlappen, wo neue Arten entstehen würden, wenn die Artbildung nach der Vikarianz-Theorie verlaufen würde.

Es ist offensichtlich, daß sich einige neu entwickelte Arten von ihrem Ursprungsort aus ausbreiten und sich so teilweise mit dem Verbreitungsgebiet der Arten, aus denen sie abstammten, überlappten. Im Verlauf des ansteigenden Wasserstands könnten einige Biotope, die früher einmal durch lange Streifen ungeeigneter Lebensräume getrennt waren, später leichter zugänglich geworden sein. Einige Arten sind vielleicht auf diese Weise in ungehinderten Kontakt zur Vorfahrenart gelangt. Ein Beispiel ist auf Seite 123 gegeben, nämlich *Cyathopharynx* sp. "Furcifer Zambia".

Eine Art, die in einer neubesiedelbaren Region lebt, ist sehr wahrscheinlich keine neue Art: *Chalinochromis brichardi*. Ihr Verbreitungsmuster zeigt eine Lücke in der Südzentralregion des Sees. Tatsache ist, daß ähnliche Populationen im sambischen und im burundischen Teil des Sees vorkommen. Daraus kann man schließen, daß sie schon früher weit verbreitet war. In der Tat steht sie wahrscheinlich in Konkurrenz (um Raum und Futter) mit einer nahe verwandten Art, *Chalinochromis* sp. "Bifrenatus", die in Regionen vorkommt, in denen *C. brichardi* nicht lebt.

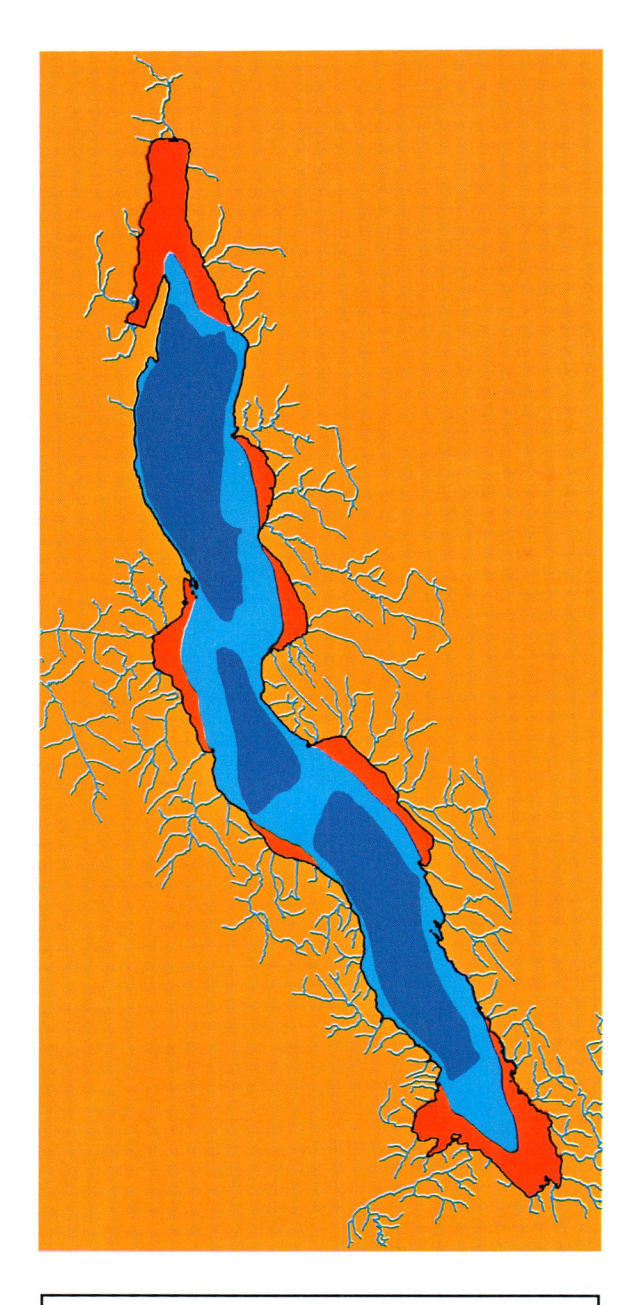

Die rotgefärbten Bereiche sind die Regionen, die trockenes Land waren als der Wasserstand niedrig war. Es sind die Regionen, in denen wir die meisten Arten mit einem begrenzten Verbreitungsmuster finden (die "neuen" Arten).

Oben links: *Chalinochromis brichardi*, Kigoma, Tansania.
Oben rechts: *C. brichardi*, Kachese, Sambia.
Mitte: *Chalinochromis* sp. "Bifrenatus", Malasa Insel, Tansania.
Unten: *Chalinochromis* sp. "Ndobnoi", Karilani Insel, Tansania.

DNA-Sequenzierung und Artbildung

In letzter Zeit wurde vermehrt die DNA (DNS) Technologie angewendet, um den Stammbaum der Cichlidenscharen zu entschlüsseln. DNA ist ein Molekül, das vorwiegend im Kern einer Zelle vorkommt und für die Übertragung von erblichen Eigenschaften verantwortlich ist. DNA wird in Form von Chromosomen im Kern gespeichert. Jedes Chromosom besteht aus einem einzigen DNA-Molekül, das von einem Proteinmantel umhüllt ist. Fast alle Wirbeltiere haben einen doppelten Satz solcher Chromosomen; einen erhielten sie von der Mutter, den anderen vom Vater. Würden wir unser DNA-Molekül zu einer Linie ausziehen, wäre es vier Meter lang (zwei Meter für jeden Satz)! Obwohl die DNA-Moleküle extrem komplex sind, sind sie nur aus vier Bausteinen aufgebaut. Die Sequenz dieser Bausteine (Basen) ist sehr wichtig. Ein Gen ist ein Abschnitt auf dem DNA-Molekül, dessen Sequenz —nach dem Entziffern— für den Bau eines Proteins (Eiweiß) verantwortlich ist. Eine einzige Veränderung des Abschnitts in seiner Sequenz (Mutation) kann die Produktion des Proteins völlig zunichte machen oder ein anderes Protein schaffen. Die meisten Mutationen haben jedoch nur einen geringen Effekt auf das Endprodukt. Mutationen finden regelmäßig statt und man schätzt, daß Menschen sich voneinander durch etwa 500.000 Mutationen unterscheiden.

Der große Vorteil von sich sexuell fortpflanzenden Organismen liegt darin, daß sie einen doppelten Satz an Erbmerkmalen besitzen. Wenn ein tragisches Ereignis die Entzifferung eines Gens unterbricht oder verhindert, kann das Protein noch vom selben Gen auf dem anderen Chromosom gemacht werden. Es ist sehr unwahrscheinlich, daß sich eine identische Mutation im komplementären (entsprechenden) Gen ereignet. Mutationen in der DNA können in den Keimzellen (Spermien und Eiern) fixiert und so auf die Nachkommen übertragen werden. Diese Mutationen vergrößern also den Genpool der Art. Ein Genpool ist die Gesamtheit der DNA-Sequenzen aller sich sexuell fortpflanzenden Individuen einer sich miteinander kreuzenden Population. Mutationen ereignen sich ständig und wenn Organismen sich nicht mehr am Genpool, von dem sie einst herstammten, beteiligen, werden ihre DNA Sequenzen allmählich von dem des Muttergenpools abweichen. Daraus folgt, daß nicht nur Arten, sondern auch geographisch isolierte Populationen einer einzigen Art verschiedene Genpools haben müssen.

Es ist selbstverständlich, daß jede Mutation, die ein Protein verändert, so daß der Organismus sich nicht in der Gemeinschaft behaupten kann, eine Gegenselektion hervorruft; zum Beispiel, wenn eine Mutation die Farbe eines Cichliden von gelb nach blau verändern würde. Der blaue Fisch könnte von den Artgenossen möglicherweise nicht mehr erkannt werden und so von der Fortpflanzung ausgeschlossen werden. Das bedeutet, daß seine Gene aus dem Genpool verloren gehen. Obwohl also Mutationen sich (fast) zufällig in der DNA ereignen, werden sie nicht alle im Genpool der Art fixiert. Es gibt Gegenselektion gegen gewisse Mutationen in bestimmten Genen. Hier sollte aber darauf hingewiesen werden, daß nicht alle Mutationen in einem Gen ein verändertes Protein erzeugen, und auch wenn ein Protein verändert wird, entsteht nicht notwendigerweise eine Selektion gegen es (es sind mehrere polymorphe Populationen bei den Cichliden bekannt).

Unter Verwendung gewisser Techniken (DNA-Sequenzierung) kann man die Sequenz eines DNA-Stückes in seine individuellen Bausteine zerlegen. Die entsprechenden Stücke der DNA anderer Arten können ähnlich sequenziert und verglichen werden. Es ist natürlich ein Irrtum zu glauben, daß Unterschiede in der DNA-Sequenz bei derartigen Vergleichen nur daher rühren, daß man die DNA von verschiedenen Arten vergleicht: Artbildung und die ständigen Mutationsereignisse sind zwei verschiedene Vorgänge. Artbildung kann ohne Mutationen nicht entstehen, aber Mutationen müssen nicht unbedingt zu Artbildung führen.

In letzter Zeit haben viele Wissenschaftler an der DNA-Sequenzierung von verschiedenen und nahe verwandten Cichliden gearbeitet. Sie haben einige Stückchen einiger Gene sequenziert und versucht, aus ihren Daten Evolutionsstammbäume abzuleiten. Im Hinblick auf die obengenannte Beziehung zwischen Mutagenität und Artbildung kann man schon im voraus sagen, daß derartige Stammbäume (die von den DNAs nahe verwandter Arten hergeleitet werden) sehr wahrscheinlich unkorrekt sein werden. Eine Million Mutationen müssen noch keine neue Art schaffen, während eine einzige Mutation im richtigen Gen das sehr wohl kann. Die anfängliche Euphorie bei den DNA sequenzierenden Wissenschaftlern, die dachten, sie hätten einen Weg zur Entschlüsselung der Phylogenetischen Stammbäume gefunden, wird sich langsam legen, wenn sie Unregelmäßigkeiten in ihren Daten finden werden, je mehr DNA-Stücke sie vergleichen werden. Die große Frage, die Wissenschaftler beschäftigt seit die DNA-Technologie verfügbar ist, nämlich. ob der Mensch mehr mit dem Gorilla oder dem Schimpansen verwandt ist, ist noch nicht unzweifelhaft gelöst worden. Die vorhandenen Sequenzierungsdaten bei Mensch und Affen sind aber um zwei Größenordnungen größer als die bei Cichliden!

Die konkreten Daten aus einer DNA-Sequenzierung (es gibt nur vier mögliche Bausteine und keine subjektive Entscheidung ist zu treffen), mag Analytiker getäuscht haben. Der Datenschwall wird passend in einen Stammbaum eingebaut. Jedoch kann bis zur Sequenzierung des gesamten Genoms vieler Individuen aus verschiedenen Populationen keine Signifikanz über irgendeinen Unterschied in der Zahl der Mutationen gegeben werden. Selbst dann wird eine bestimmte (festgesetzte) Anzahl an Unterschieden nicht in der Lage sein, das Auftreten von Artbildung bei nahe verwandten Arten zu beweisen.

Müssen wir also die DNA-Sequenzierungstechnik bei der Erforschung des Phylogenetischen Stammbaums der Cichliden mißachten? Nein: sie hat sich als nützlich für den Vergleich entfernt verwandter Arten erwiesen. Die Rolle, die die DNA-Sequenzierung spielen sollte, ist die eines der Werkzeuge (neben der Morphologie, Verbreitung und Verhalten), die man benutzt, um eine Art oder eine Gattung zu definieren.

Vielleicht gibt es in Zukunft eine Möglichkeit, die DNA-Sequenzierung für den Aufbau eines Phylogenetischen Stammbaums zu verwenden. Bis dahin müssen wir die Faktoren entdecken, die Cichliden selbst benutzen, um einen anderen Cichliden als zur eigenen Art gehörend zu erkennen (sexuelle Selektion). Solche artspezifischen Faktoren können anatomische Merkmale sein (wie etwa der Höcker auf dem Kopf), eine spezifische Färbung oder ein bestimmter Geruch. Dann müssen die Gene, die für diese Faktoren verantwortlich sind, isoliert werden, und danach schließlich die Sequenzen solcher Gene verglichen werden.

Die Wissenschaft hat noch einen langen Weg zu gehen und in der Zwischenzeit können die Aquarianer sich wie immer an ihren Cichliden als einer wunderbaren Ansammlung herrlicher Kreaturen erfreuen.

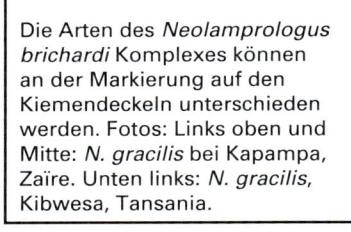

Die Arten des *Neolamprologus brichardi* Komplexes können an der Markierung auf den Kiemendeckeln unterschieden werden. Fotos: Links oben und Mitte: *N. gracilis* bei Kapampa, Zaïre. Unten links: *N. gracilis*, Kibwesa, Tansania.

Äußerst rechts: *Neolamprologus brichardi* bei Milima Insel, Zaïre. Rechts: *N. brichardi*, Lufubu Bay, Sambia.

Neolamprologus olivaceus, Cap Tembwe, Zaire

Neolamprologus crassus, Moliro, Zaire

Neolamprologus falcicula, Magara, Burundi

Die Art auf den Fotos oben und links wurde als *Neolamprologus* sp. "Cygnus" gehandelt. Sie könnte eine geographische Variante von *Neolamprologus falcicula* sein. Das Foto links wurde bei Cape Mpimbwe, Tansania, aufgenommen. Kigoma Bay ist die Fangstelle von "Lamprologus Walteri". Auch dieser Cichlide könnte eine Rasse von *N. falcicula* sein.

Die Markierungen auf den Kiemendeckel des *brichardi*-ähnlichen Cichliden links unterscheiden sich von denen der Cichliden auf den Fotos unten. *N.* cf. *pulcher*, Cape Mpimbwe, Tansania. Unten: *N. brichardi*, Kasoje, Tansania.

Neolamprologus splendens, Kiku, Zaire

Es sind keine geographische Rassen von *Neolamprologus savoryi* bekannt.
Oben: Kigoma Bay, Tansania
Mitte: Cape Kachese, Sambia
Unten: Cap Tembwe, Zaïre

Lamprologus cf. *finalimus*, Kigoma, Tanzania

Neolamprologus sp. "Kavalla", Milima Island, Zaire

Lamprologus sp. "Zambia", eine seltene Art, die tiefere Bereiche des Felsenbiotops bevorzugt. Sie wurde in verschiedenen Teilen des Sees gefunden, aber in sambischem Wasser entdeckt.
Rechts: Ein Männchen bei Kiku, Zaïre.
Unten: Ein Weibchen, nördlich von Kigoma, Tansania.

Neolamprologus mustax, Kachese, Zambia

Altolamprologus calvus ist wie *A. compressiceps* seitlich zusammengedrückt (links). Dieser attraktive Cichlide lebt im südwestlichen Teil des Sees. Oben: Ein *A. calvus* Paar, in der Nähe von Chaitika, Sambia, aufgenommen. Rechts: Ein Jungfisch bei Kapampa, Zaïre. Unten: Der sogenannte Gelbe Calvus wird bei Cape Nangu, Sambia, gefunden.

153

Neolamprologus furcifer, Kigoma, Tanzania

Neolamprologus petricola bei Cap Tembwe, Zaïre

Neolamprologus modestus in Cameron Bay, Sambia.

Neolamprologus mondabu in Kigoma Bay, Tansania.

Neolamprologus tetracanthus lebt über Sandsubstrat und wird gewöhnlich in allen Teilen des Sees angetroffen.
Fotos: Ein revierverteidigendes Tier in Moliro Bay, Zaïre.
Mitte: Ein Männchen der gelben Variante, die im Südteil Tansanias vorkommt.
Unten: Ein Weibchen der gelben Variante.

Lepidiolamprologus profundicola, Kanoni, Zaire

Lepidiolamprologus cunningtoni, Kanoni, Zaire

Oben: *Lepidiolamprologus kendalli* bei Mutondwe Insel, Sambia.
Unten: *Lepidiolamprologus elongatus* in Kigoma Bay, Tansania.

Julidochromis ornatus, Chituta Bay, Zambia

Julidochromis marlieri, Magara, Burundi

162

Die geographischen Varianten von *Julidochromis* unterscheiden sich in ihren variierenden Farbmustern. *J. regani* kommt hauptsächlich im oberen Bereich der Übergangszone vor (Seite 162 oben: Kigoma und unten: Kipili). Unten: *J. ornatus*, fotografiert in einer Tiefe von etwa 20 Metern bei Kapampa, Zaïre. Oben: *J. transcriptus* bei Kalambo, Sambia.

Telmatochromis vittatus bei Chipimbi, Sambia.

Telmatochromis bifrenatus ist ein notorischer Eifresser. Unbehelligt von den Eltern der Brut können sie einen beträchtlichen Teil der Eier verschlingen.

Das Farbmuster von *Telmatochromis bifrenatus* unterscheidet sich von dem *T. brichardi*s durch ein extra Band zwischen dem mittlateralen Band und der Rückenflosse. Foto: *T. bifrenatus* in Kigoma Bay, Tansania.

Telmatochromis temporalis bei Rutunga, Burundi. Rechts: *T. burgeoni* bei Ndole, Sambia.

Weibchen des schneckenhausbewohnenden Cichliden *Neolamprologus calliurus* (Mitte) sind beträchtlich kleiner als die Männchen (TL 3 cm bei Weibchen; 8 cm bei Männchen). Das Männchen auf dem unteren Foto, das in Moliro Bay, Zaïre, aufgenommen wurde, steht neben dem selben Schneckenhaus wie das Weibchen. Die Männchen (links und unten) können sich zusammen gruppieren und werden vor allem in der Übergangszone gesehen.

Neolamprologus hecqui, ein Weibchen; Ndole Bay, Sambia.

Neolamprologus cf. *meeli*, Karilani Insel, Tansania. Dieser schneckenhausbewohnende Cichlide gräbt um das leere Schneckenhaus herum, um dieses zu verbergen.

Der schwarze Fleck in der Rückenflosse weiblicher *Lamprologus kungweensis* fehlt den Männchen. Die Beschreibung dieser Art basiert nur auf Weibchen. Dies führte früher zu einiger Verwechslung mit *L. signatus*, bis die letztgenannte Art lebend gesehen wurde.

Lamprologus kungweensis, Kigoma, Tanzania

Neolamprologus brevis Männchen und Weibchen verstecken sich im selben Schneckenhaus. Das Weibchen ist viel kleiner und verschwindet zuerst im Schneckenhaus. Fotos: Rechts: Karilani Insel, Tansania. Mitte: Cameron Bay, Sambia. Unten links: Cap Tembwe, Zaïre. Unten rechts: Kigoma Bay, Tansania.

Lamprologus signatus, Chimba, Zambia

172

Der Schneckenhausbewohner *Lamprologus ornatipinnis* ist seeweit verbreitet und lebt in Schlammregionen.
Fotos auf Seite 172: Ein Männchen (oben) und ein Weibchen (unten). *L. ornatipinnis* in Kigoma Bay, Tansania. Die Männchen können mehrere Weibchen in ihrem Revier haben.
Rechts: Ein *L. ornatipinnis* Weibchen in Lufubu Bay, Sambia.

Neolamprologus boulengeri gräbt einen Krater um seine Schneckenhäuser. Es ist ein sichtbarer Schutz gegen sandbewohnende Raubfische. Dieses Verhalten hat sich vielleicht bei den schneckenhausbewohnenden Arten entwickelt, die zu groß sind, um bequem in ein leeres Schneckenhaus zu passen.

Die Weibchen des Schneckenhausbewohners *N. boulengeri* sind relativ groß. Deshalb können sie nicht weit genug ins Schneckenhaus eindringen, um die Eier fern jeder Sicht anzubringen.

173

Tanganicodus irsacae in Kigoma Bay, Tansania.

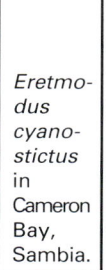

Eretmodus cyanostictus in Cameron Bay, Sambia.

Grundelcichliden sind an das turbulente Wasser der Brandung angepaßt. Links: *Spathodus erythrodon* bei Kibigi Insel, Kavalla, Zaïre.

Tropheus brichardi bei Cape Mpimbwe Tansania.

Ein junger *Tropheus brichardi,* südlich von Kipili, Tansania.

Tropheus brichardi ist weiter verbreitet und wird an beiden Seiten des Sees gefunden.
Links: Ein *T. brichardi* in der Nähe des Malagarasi River Deltas, Tansania.

Arten der Gattung *Tropheus* sind sehr flinke Algenfresser in den Felsenbiotopen. Mehrere Arten wurden wissenschaftlich beschrieben, aber einige sind nur den Aquarianern bekannt.

Fotos:
Oben: *Tropheus duboisi* bei Cape Kabogo (Masawa), Tansania.
Links: *Tropheus* sp. "Black" (Brabant), Magara, Burundi.
Unten: *Tropheus* sp. "Kaiser" bei Ikola, Tansania.

Tropheus duboisi, Cape Kabogo, Tanzania

Der Rote Moorii (rechts) ist wahrscheinlich keine geographische Variante des *Tropheus moorii*, da er sympatrisch lebend mit einer Variante des Helle Moorii in der Nähe von Lunangwa, Zaïre, gesehen wurde (Christian Houllier und Manuel Moreno, pers. Mittl.).
Fotos: Rechts: *Tropheus moorii* von Vua, Zaïre.
Mitte links: *Tropheus moorii* von Cape Kachese, Sambia.
Mitte rechts: *Tropheus brichardi* bei Mkombe, Tansania.
Unten: *Tropheus* sp. "Black" von Bemba, Zaïre.

Petrochromis sp. "Gold", Chipimbi, Zambia

Die Gattung *Petrochromis* umfaßt viele noch unbeschriebene Arten, von denen einige den Aquarianern bekannt sind. Vom Nordostteil des Sees wurde *Petrochromis* sp. "Kasumbe" regelmäßig exportiert. Bei Cape Kabogo, Tansania, haben die Männchen einen blauen Glanz über dem Körper (oben und rechts). *Petrochromis ephippium*, der sog. "Sattel Petrochromis" (unten), ist keine Unterart von *P. trewavasae*, da er im zaïrischen Wasser sympatrisch mit dieser Art lebt.

Oben: *Petrochromis trewavasae* kommt im Südwestteil des Sees vor.
Unten: Der riesige *Petrochromis* wurde in der Nähe von Kipili, Tansania, gefangen.

Brütende *Plecodus straeleni* sind anders gefärbt (oben und unten) als jagende Tiere (rechts).
Fotos: Oben: Cape Kabogo, Tansania.
Mitte: Rutunga, Burundi.
Unten: Kigoma Bay, Tansania.

Haplotaxodon microlepis, Luagala Point, Tanzania

Von *Ophtahlmotilapia nasuta* sind mehrere geographische Variante bekannt.
Fotos:
Links: *O. nasuta* bei Cape Mpimbwe, Tansania.
Mitte: *O. nasuta* von Sumbu Bay, Sambia.
Unten: *O. nasuta* bei Chimba, Sambia.

Ophthalmotilapia boops, Kipili, Tanzania

Ophthalmotilapia heterodonta, Kigoma, Tanzania

Cyathopharynx furcifer, Karilani Island, Bulu Point, Tanzania

Diese einzigartige Fotoserie aus dem See zeigt uns ablaichende *Cyathopharynx furcifer*.
Foto oben: Das Männchen hat den Bau seines Nestes vollendet und lockt jetzt reife Weibchen in sein Revier.
Rechts: Ein ablaichwilliges Weibchen ist ins Revier des Männchens gekommen und wird zur Ablaichprozedur verleitet.

Das Männchen scheint in der Lage zu sein, durch das Vorzeigen des leuchtend gelben Endes seiner vibrierenden Afterflosse im Zentrum seines Nestes die Aufmerksamkeit des Weibchens zu erregen.

Links: Nachdem das Weibchen ein Ei gelegt hat, schwimmt das Männchen über es, wahrscheinlich um es zu befruchten.
Unten: Das Männchen ist über das Nest geschwommen, während sich das Weibchen umdreht und das Ei aufpickt.

Aulonocranus dewindti, Cape Kabogo, Tanzania

Oben: *Callochromis melanostigma* aus Burundi.
Mitte: *Callochromis pleurospilus* aus Kigoma, Tansania.
Rechts: ein *Callochromis pleurospilus* Nest. Die meisten Männchen bauen ihr Nest auf offenen Sand in sehr seichtem Wasser. An windstillen Tagen kann man dicht am Strand solche Sandburgennester sehen.

Cardiopharynx schoutedeni, Kachese, Zambia

Brütende *Xenotilapia ochrogenys* Männchen findet man oft in Brutkolonien von *Enantiopus melanogenys*. Das *X. ochrogenys* Nest ist seltsam konstruiert: mehrere Sandkegeln sind um den Laichplatz aufgehäuft (rechts).
X. ochrogenys Weibchen können so die Reviere ihrer Partner leicht erkennen.
Oben: Ein ablaichendes Paar.
Unten: Ein revierverteidigendes Männchen in der Ndole Bay, Sambia.

Xenotilapia cf. *papilio* in Chituta Bay, Sambia.

Xenotilapia cf. *papilio* bei Kipili, Tanzania.

Xenotilapia cf. *papilio* (Sunflower) von Chituta Bay, Sambia.

Xenotilapia papilio bei Kanoni, Zaïre.

Xenotilapia papilio bei Tembwe, Zaïre.

Xenotilapia cf. *papilio* (Katete) bei Kapampa, Zaïre.

195

Ctenochromis horei kommt häufig in seichten Schlammbuchten vor. Die Jungfische werden noch Wochen nach dem ersten Freisetzen bewacht.

Grammatotria lemairii ist ein häufiger, sandbewohnender Cichlide. Dieses Männchen wurde in Burundi gefangen.

Ectodus descampsii, Ndole Bay, Zambia

Lobochilotes labiatus ist ein Maulbrüter, der seine Jungen nach dem Freisetzen aus dem Maul bewacht. Die Jungen flüchten bei Gefahr ins Maul des Weibchens (unten).
Foto oben: Ein ausgewachsenes Tier mit den charakteristischen, fleischigen Lippen.
Mitte: Ein heranwachsendes Tier bei M'toto, Zaïre.

Einige Arten der Gattung *Cyprichromis* sind schlank gebaut (*Cyprichromis leptosoma*) und andere sind hochrückiger (*C.* sp. "Leptosoma Jumbo"). Die Männchen fast aller Arten haben auffällige Farben. Rechts: *C. leptosoma* aus Malasa Insel, Tansania. Unten: *C.* sp. "Leptosoma Jumbo" bei Kitumba, Zaïre.

Cyprichromis microlepidotus, Kibwesa, Tanzania

Paracyprichromis nigripinnis ist seeweit verbreitet und auf steile Felsküsten beschränkt. Die Männchen verteidigen Reviere in Höhlen. Dieses Männchen wurde in Kigoma Bay, Tansania, aufgenommen.

Maulbrütende Weibchen von *Paracyprichromis brieni* sammeln sich in getrennten Schulen (Mitte).
P. brieni findet man in derselben Gegend wie *P. nigripinnis*, zeigt aber, im Gegensatz zu jenem, deutliche geographische Variation.
Rechts: Ein Männchen bei Kitumba, Zaïre. Diese Population ist besser bekannt als "Cyprichromis Velifer".

Oreochromis tanganicae (oben: Foto von Christian Houllier und Manuel Moreno) und *Tylochromis polylepis* (unten) werden größer als 30 cm und oft von einheimischen Fischern gefangen.

Literaturangaben

AXELROD, H.R., BURGESS, W.E., PRONEK, N. and WALLS, J.G., 1985. *Dr. Axelrod's Atlas of freshwater aquarium fishes.* T.F.H. Publ. Neptune, N.J., U.S.A.

BAASCH, P. (1987) Maulbrüter mit Elternfamilie: *Limnochromis auritus. DCG-Info (Deutsche Cichl. Ges.)* 18(4), pp 66-71.

BAILEY, R.M. & STEWART, D.J. (1977) Cichlid fishes from Lake Tanganyika: additions to the Zambian fauna including two new species. *Occ. papers mus. Zool.*, University of Michigan. No 679, pp 1-30.

BARLOW, G.W. (1991) Mating systems among cichlid fishes. In: M.H.A. Keenleyside (Ed.) *Cichlid Fishes. Behaviour, ecology and evolution.* Chapman & Hall, London.

BOULENGER, G.A. (1898) Report on the collection of fishes made by Mr. J.E.S. Moore in Tanganyika during his expedition 1895-1896. *Trans. Zool. Soc.* XV. prt 1, nr. 1: 1-30.

BOULENGER, G.A. (1899) Second contribution to the ichtyology of Lake Tanganyika. On the fishes obtained by the Congo Free State expedition under Lieut. Lemaire in 1898. *Trans. Zool. Soc. London.* XV, part 9: 87-95.

BOULENGER, G.A. (1901) Diagnoses of new fishes discovered by Mr. J.E.S. Moore in Lake Tanganyika and Kivu. *Ann. Mag. Nat. Hist.* (7) VII: 1-6.

BOULENGER, G.A. (1901) Third contribution to the ichtyology of Lake Tanganyika. Report on the collection of fishes made by Mr. J.E.S. Moore in Lakes Tanganyika and Kivu during his second expedition 1899-1900. *Trans. Zool. Soc. London.* XVI. part II: 137-178.

BOULENGER, G.A. (1915) *Catalogue of the freshwater fishes of Africa in the British Museum. (N. Hist.).* London. vol. III.

BRICHARD, P. (1978) *Fishes of Lake Tanganyika.* TFH Publ. Neptune, New Jersey, USA.

BRICHARD, P. (1989) *Book of cichlids and all the other fishes of Lake Tanganyika.* TFH Publ. Neptune, New Jersey, USA.

CAPART, A. (1949) Sondages et carte bathymétrique du Lac Tanganika. Résultats scientifiques de l'exploration hydrobiologique du Lac Tanganika (1946-1947). *Institut Royal des Sciences Naturelles de Belgique,* 2(2): pp 1-16.

COLOMBE, J. & ALLGAYER, R. (1985) Description de *Variabilichromis, Neo-amprologus* et *Paleolamprologus,* genres nouveaux du lac Tanganyika, avec redescription des genres *Lamprologus* Schilthuis 1891 et *Lepidiolamprologus* Pellegrin 1904. *Rev. Franc. des Cichlidophiles, (Franz. Cichl. Ges..)* no 49: 9-28.

COULTER, G.W. (1991) *Lake Tanganyika and its life.* Oxford University Press; London & New York.

DICKMANN, H-B. (1986) *Reganochromis calliurum.* Der Sanfte aus dem Tanganjikasee. Bericht über erste (?) Nachzuchten. *Das Aquarium* 206 (8): 402-406.

DOMINEY, W.J. (1984) Effects of sexual selection and life history on speciation: species flocks in African cichlids and Hawaiian *Drosophila.* In: A.A. Echelle & I. Kornfield (Eds). *Evolution of fish species flocks.* Univ. Maine, Orono Press.

FERN, L. (1991) Notes on development and early dispersal of *Altolamprologus compressiceps* fry. *Cichlidae* (Brit. Cichl. Ges.), Vol. 12(1), pp 18-19

FRYER, G. (1977) Evolution of species flocks of cichlid fishes in African lakes. *Z. zool. syst. evol. Forsch.* Vol. 15: pp 141- 165.

FRYER, G. & ILES. T.D. (1972) *The cichlid fishes of the Great Lakes of Africa.* TFH Publ., Neptune, New Jersey, USA.

GEERTS, M. (1991) The last minutes of speciation. In: A. Konings (Ed.) *The Cichlids Yearbook, volume 1.* Cichlid Press, St. Leon- Rot, Deutschland.

GREENWOOD, P.H. (1965) The cichlid fishes of Lake Nabugabo, Uganda. *Bull. Brit. Mus (N. Hist.) Zool.* Vol. 12, No. 9.

GREENWOOD, P.H. (1984) What is a Species Flock? in: A.A. Echelle & I. Kornfield (Eds). *Evolution of fish species flocks.* Univ. Maine at Orono Press. USA.

HABERYAN, K.A. & HECKY, R.E. (1987) The late Pleistocene and Holocene stratigraphy and paleolimnology of Lakes Kivu and Tanganyika. *Paleogeography, Paleoclimatology, Paleoecology.* Vol. 61: pp 169-197.

HERRMANN, H-J. (1987) *Die Buntbarsche der Alten Welt. Tanganjikasee.* Reimar Hobbing, Essen, Deutschland.

HORI, M. (1983) Feeding ecology of thirteen species of *Lamprologus* (Teleostei; Cichlidae) coexisting at a rocky shore of Lake Tanganyika. *Physiol. Ecol. Japan* 20: 129-149.

JACKSON, P.B.N. & RIBBINK, A.J. (1975) *Mbuna.* TFH Publ. Neptune, New Jersey, USA.

KONINGS, A. (1988) *Tanganyika Cichlids.* Verduyn Cichlids & Lake Fish Movies. Zevenhuizen, Holland.

KONINGS, A. (1989) *Malawi cichlids in their natural habitat.* Verduyn Cichlids & Lake Fish Movies, Zevenhuizen, Niederlande.

KONINGS, A. (1992) Clues to a step-wise speciation. In: *The Cichlids Yearbook, volume 2.* Cichlid Press, St. Leon-Rot, Deutschland.

KRÜTER, R. (1991) The giant featherfin. In: A. Konings (Ed.) *The Cichlids Yearbook, volume 1.* Cichlid Press, St. Leon-Rot, Deutschland.

KUWAMURA, T. (1986a) Parental care and mating systems of cichlid fishes in Lake Tanganyika: a preliminary field survey. *J. Ethol.* 4, pp 129-146.

KUWAMURA, T. (1986b) Substratum spawning and biparental guarding of the Tanganyikan cichlid *Boulengerochromis microlepis*, with notes on its life history. *Physiol. Ecol. Japan*, 23 ,pp 31-43.

KUWAMURA, T. (1987) Distribution of fishes in relation to the depth and substrate at Myako, East-middle Coast of Lake Tanganyika. *Afr. Study Monographs*, 7, pp 1-14.

LIMBERGER, D. (1983) Pairs and harems in a cichlid fish, *Lamprologus brichardi*. *Zeitschr. Tierpsych.* Vol. 62: pp 115-144.

McKAY, K.R. & GRAY, W.N. (1984) Extrinsic barriers to gene flow in rock-dwelling cichlids of Lake Malawi. In: A.A. Echelle & I. Kornfield (Eds). *Evolution of fish species flocks*. Univ. Maine, Orono Press.

NELISSEN, M. (1977) Description of *Tropheus moorii kasabae* n. ssp. (Pisces Cichlidae) from the south of Lake Tanganyika. *Rev. Zool. Afr.*, 91, nr 1: 237-242.

NELISSEN, M. (1979) A taxonomic revision of the genera *Simochromis*, *Pseudosimochromis*, and *Tropheus*. (Pisces Cichlidae). *Ann. Mus. R. Afr. centr.*, 8 Sc. zool., nr 229.

NICHOLS, J.T. and LA MONTE, F.R. (1931) A new *Lamprologus* from Lake Tanganyika. *Amer. Mus. Novitates*, nr 478: 1-2.

NSHOMBO, M., TANAGISAWA, Y. & NAGOSHI, M. (1985) Scale-eating in *Perissodus microlepis* (cichlidae) and Change of its food habits with growth. *Jap. J. Ichthyology*, Vol. 32, No. 1, pp 66-73.

PEARCE, M.J. (1985) The deepwater demersal fish in the south of Lake Tanganyika. *Report of the Department of Fisheries, Zambia.* pp 1-163.

PELLEGRIN, J. (1927) Description de cichlides et d'un mugilide nouveaux du Congo Belge. *Rev. Zool. afr.* 15. 1: 52-57.

POLL, M. (1948) Descriptions de cichlidae nouveaux recueillis par la mission hydrobiologique belge au lac Tanganyika (1946- 1947). *Bull. Mus. R. Hist. Natur. Belgique* XXIV, nr 26.

POLL, M. (1956) Poissons Cichlidae, *Résult. scient. Explor. hydrobiol. belge Lac Tanganika (1946-1947)*. vol. III, fasc. 5B.

POLL, M. (1978) Contribution à la connaissance du genre *Lamprologus* Schth. Description de quatre espèces nouvelles, réhabilitation de *Lamprologus mondabu* et synopsis remanié des espèces du Lac Tanganika. *Bull. Acad. roy. Belg. (Classe Sci.)* (5) Vol. 64 (11): pp 725-758.

POLL, M. (1981) Contribution à la faune ichtyologique du lac Tanganyika. Révision du genre *Limnochromis* Regan 1920. Description de trois genres et d'une espèce nouvelle: *Cyprichromis brieni*. *Ann. Soc. R. Zool. Belg.*, III. fasc. 1-4: 163-179.

POLL, M. (1986) Classification des cichlidae du lac Tanganyika tribus, genres et especes. *Mémoires de la classe des sciences. Académie royale de Belgique.* Collection in-8°-2ᵉ série, T. XLV, Fasc. 2

POLL, M. and TREWAVAS, E. (1952) Three new species and two new subspecies of the genus *Lamprologus*. Cichlid fishes of the Lake Tanganyika. *Bull. Inst. R. Sci. Natur. Belgique*, XXVIII, 50.

SCHOLZ, C.A. & ROSENDAHL, B.R. (1988) Low lake Stands in Lake Malawi and Tanganyika, East Africa, delineated with Multifold seismic Data. *Science*, Vol. 240, pp 1645-1648

SCHUPKE, P. (1984) Neue Cichliden aus Tansania. *DCG-Info (Deutsche Cichl. Ges.)* Vol. 15 (1): pp 9-11.

STAECK, W. (1975) A new cichlid fish from Lake Tanganyika: *Julidochromis dickfeldi* sp. n. (Pisces: Cichlidae). *Rev. zool. bot. afr.* Vol. 89 (4): pp 981-986.

STEINDACHNER, F. (1909) Sitzung der mathematisch-naturwissenschaftlichen Klasse vom 18. November 1909, nr XXIV. *Anz. Kaiserl. Akad. der Wissensch. mat.-nat. Kl. Bd.* XLVI (24): 399-404.

TAKAMURA, K. (1984) Interspecific relationships of Aufwuchs-eating fishes in Lake Tanganyika. *Env. Biol. Fish.* Vol. 10, No. 4, pp 225-241

TIERCELIN, J-J. & MONDEGUER, A. (1991) The geology of the Tanganyika trough. In: G.W. Coulter. *Lake Tanganyika and its life*. Oxford University Press; London & New York.

TIJSSELING, G. (1980) Mijn ervaringen met de kweek van *Eretmodus cyanostictus*. *NVC periodiek* (Niederl. Cichl. Ges.) Nr. 30, pp 1-2.

TREWAVAS, E. & KONINGS, A. (1992) Spawning techniques in mouthbrooders. In: A. Konings (Ed.) *The Cichlids Yearbook, volume 2*. Cichlid Press, St. Leon-Rot, Deutschland.

UFERMANN, A., ALLGAYER, R, and GEERTS, M., 1987. *Alphabetical Catalogue of the Cichlid Fishes*. Ufermann, Oberhausen, Deutschland.

WICKLER, W. (1966) Sexualdimorphismus. Paarbildung und Versteckbrüten bei Cichliden (Pisces: Perciformes). *Zool. Jb. Abt. Syst. Ökol. Geogr. Tiere.*, Vol. 93: pp 127-138.

WILEY, E.O. (1981) *Phylogenetics. The theory and practice of phylogenetic systematics*. Wiley & Sons, New York, USA.

YAMAOKA, K. (1983) A revision of the cichlid fish genus *Petrochromis* from Lake Tanganyika, with description of a new species. *Jap. J. Ichtyology*, 30 nr 2: 129-141.

YAMAOKA, K. (1983) Feeding behaviour and dental morphology of algae scraping cichlids (Pisces: Teleostei) in Lake Tanganyika. *Afr. Study Monographs*, 4, pp 77-89.

YAMAOKA, K. (1991) Feeding relationships. In: M.H.A. Keenleyside (Ed.) *Cichlid Fishes. Behaviour, ecology and evolution*. Chapman & Hall, London.

YANAGISAWA, Y. & NSHOMBO, M. (1983) Reproduction and parental care of the scale-eating cichlid fish *Perissodus microlepis* in Lake Tanganyika. *Physiol. Ecol. Japan*, 20, pp 23-31.

Index

Altolamprologus calvus, 153
Altolamprologus compressiceps, 68, 76, 77
Altolamprologus sp. "Sumbu", 58, 115
Asprotilapia leptura, 64, 65
Auchenoglanis occidentalis, 18
Aulonocranus dewindti, 190
Bathybates fasciatus, 28, 39
Benthochromis tricoti, 28, 38, 66
Boulengerochromis microlepis, 68, 70, 71, 79
Caecomastacembelus cf. *frenatus,* 17
Callochromis macrops, 55
Callochromis melanostigma, 191
Callochromis pleurospilus, 191
Cardiopharynx schoutedeni, 57, 192
Chalinochromis brichardi, 137
Chalinochromis sp. "Bifrenatus", 137
Chalinochromis sp. "Ndobnoi", 137
Ctenochromis horei, 55, 197
Cunningtonia longiventralis, 105
Cyathopharynx furcifer, 29, 50, 119, 122, 187, 188, 189
Cyathopharynx sp. "Furcifer Zambia", 123
Cyphotilapia frontosa, Umschlag, 28, 43, 64, 65, 69, 84, 90, 91, 128
Cyprichromis leptosoma, 28, 36, 43, 64, 69, 100, 199
Cyprichromis sp. "Leptosoma Jumbo", 199
Cyprichromis microlepidotus, 107, 200
Ectodus descampsii, 57, 196
Enantiopus melanogenys, 69, 92, 93
Enantiopus sp. "Kilesa", 118
Eretmodus cyanostictus, 29, 47, 62, 63, 69, 88, 174
Gnathochromis permaxillaris, 28, 37, 41
"Gnathochromis" pfefferi, 28, 41, 54, 69, 96, 101
Grammatotria lemairii, 57, 197
Greenwoodochromis christyi, 56
Haplotaxodon microlepis, 28, 40, 67, 183
Julidochromis dickfeldi, 117
Julidochromis marlieri, 161
Julidochromis ornatus, 160, 163
Julidochromis regani, 60, 61, 162, 163
Julidochromis transcriptus, 163
Lamprichthys tanganicanus, 21, 22, 23
Lamprologus callipterus, Vorsatz, 58, 68, 79, 80, 81
Lamprologus finalimus, 149
Lamprologus kungweensis, 58, 168, 169
Lamprologus lemairii, 28, 42
Lamprologus ocellatus, 58, 59
Lamprologus ornatipinnis, 172, 173
Lamprologus signatus, 171
Lamprologus sp. "Zambia", 151
Lates angustifrons, 24
Lates mariae, 24
Lates microlepis, 24
Lates stappersi, 24
Lepidiolamprologus attenuatus, 60, 68, 72, 73
Lepidiolamprologus cunningtoni, 158
Lepidiolamprologus elongatus, 159
Lepidiolamprologus kendalli, 159
Lepidiolamprologus profundicola, 157
Lestradea perspicax, 57
Limnochromis auritus, 69, 84
Limnothrissa miodon, 24, 25
Lobochilotes labiatus, 198
Lophiobrachus cyclurus, 17
Neolamprologus boulengeri, 58, 173
Neolamprologus brevis, 58, 170
Neolamprologus brichardi, 64, 68, 82, 83, 141, 146
Neolamprologus buescheri, 64, 116
Neolamprologus calliurus, 166
Neolamprologus caudopunctatus, 68, 74, 75
Neolamprologus crassus, 143
Neolamprologus cylindricus, 115
Neolamprologus falcicula, 144
Neolamprologus sp. "Falcicula Cygnus", 145
Neolamprologus fasciatus, 28, 31
Neolamprologus furcifer, 154
Neolamprologus gracilis, 83, 140
Neolamprologus hecqui, 167
Neolamprologus sp. "Kavalla", 150
Neolamprologus leleupi, 28, 30
Neolamprologus leloupi, 60, 75
Neolamprologus meeli, 167
Neolamprologus modestus, 35, 155
Neolamprologus mondabu, 28, 35, 155
Neolamprologus moorii, 109, 119
Neolamprologus multifasciatus, 58, 68, 78
Neolamprologus sp. "Multifasciatus Big Eye", 58, 78, 110
Neolamprologus mustax, 152
Neolamprologus niger, 106

Neolamprologus obscurus, 106
Neolamprologus olivaceus, 142
Neolamprologus petricola, 155
Neolamprologus prochilus, 117
Neolamprologus pulcher, 146
Neolamprologus savoryi, 148
Neolamprologus sexfasciatus, 21, 119, 127
Neolamprologus splendens, 147
Neolamprologus tetracanthus, 156
Neolamprologus toae, 60, 108
Neolamprologus tretocephalus, 27, 28, 34, 60
Ophthalmotilapia boops, 185
Ophthalmotilapia heterodonta, 186
Ophthalmotilapia nasuta, 60, 184
Ophthalmotilapia ventralis, 62, 69, 98, 99, 119, 120, 121
Oreochromis (Neotilapia) tanganicae, 202
Paracyprichromis brieni, 69, 94, 95, 201
Paracyprichromis nigripinnis, 64, 101, 201
Perissodus microlepis, 28, 45, 69, 89
Petrochromis ephippium, 180
Petrochromis fasciolatus, 29, 48
Petrochromis macrognathus, 62, 63
Petrochromis polyodon, 119, 125, 181
Petrochromis sp. "Giant", 181
Petrochromis sp. "Gold", 179
Petrochromis sp. "Kasumbe", 180
Petrochromis trewavasae, 181
Phyllonemus typus, 17
Plecodus straeleni, 45, 182
Reganochromis calliurus, 69, 85

Simochromis babaulti, 54
Simochromis diagramma, 29, 46, 55
Spathodus erythrodon, 47, 62, 174
Stolothrissa tanganicae, 24, 25
Synodontis eurystomus, 17
Synodontis multipunctatus, 17
Tanganicodus irsacae, 62, 63, 174
Telmatochromis bifrenatus, 164
Telmatochromis brichardi, 28, 44, 164
Telmatochromis burgeoni, 165
Telmatochromis temporalis, 165
Telmatochromis vittatus, 164
Telmatochromis sp. "Vittatus Shell", 58
Trematocara nigrifrons, 28, 33
Trematocara unimaculatum, 33
Triglachromis otostigma, 29, 51
Tropheus annectens, 112, 113
Tropheus sp. "Black", 29, 114, 176, 178
Tropheus brichardi, 69, 97, 175, 178
Tropheus duboisi, 176, 177
Tropheus sp. "Kaiser", 176
Tropheus moorii, 29, 49, 64, 119, 124, 178
Tropheus polli, 112, 113
Tylochromis polylepis, 202
Xenotilapia flavipinnis, 28, 32
Xenotilapia ochrogenys, 119, 126, 193
Xenotilapia papilio, 195
Xenotilapia sp. "Papilio Katete", 195
Xenotilapia sp. "Papilio Sunflower", 194
Xenotilapia sima, 57
Xenotilapia spilopterus, 69, 86, 87